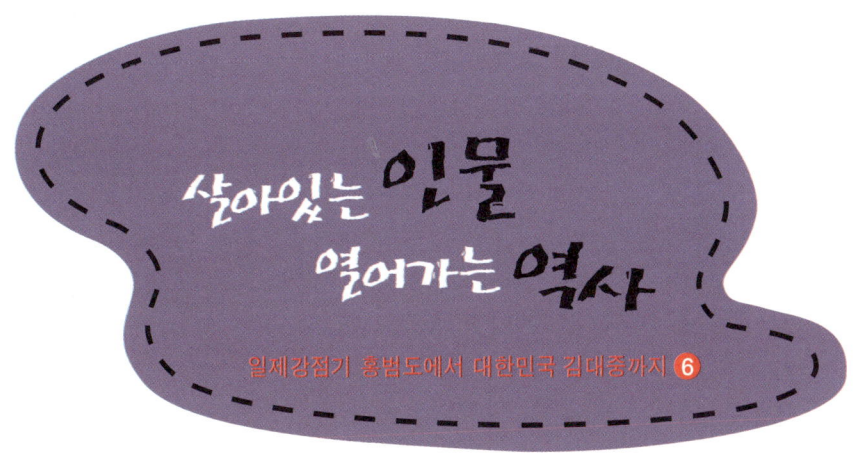

일제강점기 홍범도에서 대한민국 김대중까지 ❻

모난돌역사논술모임 지음

모난돌

머리말

역사 앞에서 당당하려면

 내 인생 10대 사건을 써서 사람들 앞에서 발표해보라고 한다면 여러분은 어떤 일들을 쓸 것 같은가요? 기쁘고 행복했던 일은 주저하지 않고 쓸 수 있겠지만, 잘못한 일이나 실수한 일은 쓰기 싫을 것입니다. 그 까닭은 무엇일까요?
 사람은 누구나 당당하고 떳떳해지고 싶어 합니다. 일부러 부끄러워지고 싶은 사람은 없을 것입니다 그래서 실수하지 않으려고 애씁니다. 남에게 떳떳하지 못한 일을 하지 않으려고 합니다. 어쩌다 실수를 했거나 잘못을 저지르게 되었더라도 최대한 잘못이 아닌 것처럼 실수를 할 수 밖에 없었던 것처럼 말합니다. 자기에게 최대한 유리하게 말합니다. 실수나 잘못은 부끄러운 일이기 때문입니다. 당당해질 수없는 일이기 때문입니다.
 잘못이나 실수를 숨기려 하는 것은 사람만이 아니라 나라도 마찬가지입니다. 부끄러운 역사는 되도록 숨기고 자랑스러운 역사만 내세우려고 합니다. 실수나 잘못을 한 것이 분명한 데도 아닌척합니다. 그래야 당당하기 때문입니다. 그래서 역사를 '불편한 진실을 극복하지 못하는 것'이라고 합니다.
 그렇지만 부끄러운 역사가 없어지는 것은 결코 아닙니다. 아무리 숨기려고 해도 언젠가는 드러나게 되어서 잘못이나 실수가 세상에 알려지게 됩니다. 영원한 비밀은 없기 때문입니다.

 그렇다고 해서 실수나 잘못에 지나치게 얽매여서 부끄러워하고만 있어서도 안 됩니다. 누구나 잘못을 저지를 수도 실수를 할 수도 있습니다. 가장 중요한 것은 실수를 자꾸 되풀이해서는 안 됩니다. 운동선수가 실수를 자꾸만 되풀이 하면 그것은 실수가 아니라 실력이 그것밖에 안 된다는 말을 듣게 됩니다. 사람도 같은 실수를 자꾸만 되풀이 하면 살아가는 실력이 별로인 사람입니다.
 잘못을 저지르는 것도 마찬가지입니다. 어쩔 수 없이 잘못을 하거나 그때는 잘못인지 모르고 했던 일일 수도 있습니다. 그렇다면 반성하고 사과해야 합니다. 내가 한 잘못 때문에 피해를 입은 사람이나 나라에 사과해야 합니다. 그리고 다시는 그런 잘못을 저지르지 말아야 합니다.
 그래야만 시간이 지나서 내 인생 10대 사건을 쓸 때 부끄러운 사건을 쓰지 않아도 되는 사람이 됩니다. 역사가 몇 천 년이 흘러도 부끄러운 역사가 없는 나라가 됩니다.
 내 인생에서 당당하려면, 부끄럽지 않은 역사 속에서 사는 국민이 되려면 늘 과거를 되돌아보고 잘못을 반성하여 실수를 되풀이 하지 말아야 합니다. 그래야 다가올 미래도 부끄럽지 않은 사람 부끄럽지 않은 국민이 될 수 있을 것입니다.

2010년 11월 30일 박선민

저자소개

김나옥
모난돌학교 뿌리깊은교육원 운영
주니워니 지리역사교실 운영
청학서당 지리역사교실 강사

김은주
모난돌학교 은샘교육원 운영
'어린이 북 아트 지도자'

김하늘
동화작가 ≪야! 쪽밥≫≪물싸움≫
≪도토리미륵님≫등
모난돌학교 운영자 대표
≪살아있는 역사 재미있는 논술≫ 저자
≪살아있는 세계사 재미있는 논술≫ 저자

박선민
모난돌학교 큰숲교육원 운영
≪살아있는 역사 재미있는 논술≫ 저자
≪살아있는 세계사 재미있는 논술≫ 저자

부지성
≪살아있는 역사 재미있는 논술≫ 저자
≪살아있는 세계사 재미있는 논술≫ 저자

신경임
모난돌학교 연리지교육원 운영
서울초중등 독서영재교육연구회 자문위원
≪살아있는 역사 재미있는 논술≫ 저자
≪살아있는 세계사 재미있는 논술≫ 저자

이주은
모난돌학교 영등포교육원 운영
독서논술 지도사

조지순
가정독서지도 강사
독서치료 강사
모난돌학교 동탄교육원 운영

차례

101단원 홍범도 09
인물 이야기 봉오동에서 일본군을 무찌른 홍범도
그때 사람들은 우리나라를 떠난 사람들
요즘 사람들은 아직도 돌아오지 못한 동포들

102단원 나운규 15
인물 이야기 한국 영화를 개척한 나운규
그때 사람들은 우리나라 영화발전사
요즘 사람들은 미국영화에 흔들리지 않는 우리나라 영화

103단원 손기정 21
인물 이야기 달리기를 좋아했던 손기정
그때 사람들은 근대 스포츠가 시작되었어요
요즘 사람들은 세계 사람들에게 사랑 받는 우리나라 스포츠 스타들

104단원 윤동주 27
인물 이야기 부끄러움을 고백한 시인, 윤동주
그때 사람들은 친일문학과 저항문학
요즘 사람들은 윤동주를 사랑하는 일본사람들

105단원 김원봉 33
인물 이야기 왜놈 상관을 쏘아 죽이고 조선의용대로 오시오
그때 사람들은 일제를 공포에 떨게 한 의열투쟁
요즘 사람들은 전쟁기념관을 다녀왔어요

106단원 여운형 39
　　인물 이야기　자주 국가를 세운 여운형
　　그때 사람들은　건국준비위원회와 두 조각으로 갈라진 나라
　　요즘 사람들은　첨단 무기 전시회 - 아덱스

107단원 김구 45
　　인물 이야기　조국독립을 위해 평생을 바친 김구
　　그때 사람들은　대한민국 임시정부
　　요즘 사람들은　백범 김구 선생님을 생각하며

108단원 이중섭 51
　　인물 이야기　소와 어린이를 사랑한 화가, 이중섭
　　그때 사람들은　우리나라에 들어온 서양 미술
　　요즘 사람들은　문화를 기부하는 화랑

109단원 전태일 57
　　인물 이야기　아름다운 청년, 전태일
　　그때 사람들은　노동에 시달리는 사람들
　　요즘 사람들은　노사분규

110단원 유일한 63
　　인물 이야기　사회와 나라를 위해 기업을 운영한 유일한
　　그때 사람들은　주식을 가지고 있으면 누구나 주인이 되는 주식회사
　　요즘 사람들은　나눔을 실천하는 아름다운 가게

차례

111단원 장준하, 조영래 69
인물 이야기 지식을 행동으로 보여준 장준하, 세상을 바꾼 인권 변호사 조영래
그때 사람들은 4·19혁명에서 6월 민주항쟁까지
요즘 사람들은 촛불 집회를 벌여요

112단원 전형필 75
인물 이야기 문화재 지킴이 전형필
그때 사람들은 문화재에는 어떻게 이름을 붙일까요?
요즘 사람들은 개인 박물관을 소개해요

113단원 문익환 81
인물 이야기 통일 꽃을 피운 문익환
그때 사람들은 부자 나라가 되려면 통일을 해야 한다
요즘 사람들은 통일은 안 되었지만, 서로 오고 가요

114단원 윤이상 87
인물 이야기 음악가도 이 세상에 살고 있는 사람입니다
그때 사람들은 반공시대
요즘 사람들은 통일을 위한 노력들

115단원 장기려 93
인물 이야기 상패까지 팔아 가난한 이웃을 위해 봉사한 바보 의사
그때 사람들은 근대식 병원이 들어오고 의료보험제도를 실시하다
요즘 사람들은 돈 없는 사람들도 쉽게 치료 받게 해주는 우리나라 의료보험제도

116단원 백남준 99
  인물 이야기 텔레비전, 미술과 만나다
  그때 사람들은 텔레비전으로 그림을 그려요, 비디오아트
  요즘 사람들은 현대 미술은 너무 어려워요!

117단원 김순권 105
  인물 이야기 옥수수 박사 김순권
  그때 사람들은 식량문제를 해결한 육종학
  요즘 사람들은 지엠오 식품

118단원 권정생 111
  인물 이야기 자기가 쓴 동화처럼 살았던 권정생
  그때 사람들은 어린이를 키우는 문학
  요즘 사람들은 권정생 할아버지를 닮은 작은 집

119단원 김수환 117
  인물 이야기 힘없는 사람들 편에 서려했던, 김수환
  그때 사람들은 더 나은 세상을 만들기 위해 노력하는 정의구현사제단
  요즘 사람들은 명동성당을 다녀와서

120단원 김대중 123
  인물 이야기 민주화에서 통일까지 힘차게 살았던 김대중
  그때 사람들은 6·15 남북공동선언
  요즘 사람들은 개성 관광 가는 날

일러두기

〈이 책은...〉

이 책은 역사 속에 나오는 인물들을 통해서 역사와 논술을 배우도록 하기 위해서 만들었습니다. 이 책을 꾸준히 읽으면 옛날 사람들이 사는 모습을 통하여 그 시대도 알 수 있게 될 것입니다.

〈이 책으로 공부하는법〉

1단계 - 소리 내서 읽기

책 읽기는 내용을 알 수 있다는 목적 말고도 좋은 보기글을 보는 기회가 되기도 합니다. 책을 꼼꼼하게 소리 내서 읽으면 내용도 자연스럽게 마음에 남게 되고, 글을 쓸 때 자기도 모르게 좋은 문장이 만들어진답니다.
소리내서 또박또박 읽어보세요. 역사에도 밝아지고 쓰는 힘도 커질 것입니다.

2단계 - 내용 되새김하기

어떤 책이라도 읽고 나면 감동이나 기쁨, 또는 분노나 슬픔처럼 마음에 느낌이 남습니다. 그 느낌을 잘 다듬으면 살아가는 마음가짐도 잘 다듬어집니다.
이 책도 읽을 때마다 자기 느낌을 되새겨 보고 정리해 보세요. '나였으면 이때 어떻게 했을까?' 라던가, '이렇게 한 것은 참 잘한 것 같아.'라는 식으로 읽은 내용을 되새겨보세요. 단계마다에 주어지는 문제들도 생각해서 쓰면 됩니다.

3단계 - 쓰기로 마무리하기

'구슬이 서 말이라도 꿰어야 보배'라는 말이 있습니다. 옛날에 살았던 인물과 그때 사람들이 어떻게 살았는지도 알았고, 요즘 사람들이 어떻게 살고 있는지도 알았다면 글쓰기로 마무리를 지어 보세요.
별도로 구성된 공부책인 '따라공부'에서는 단원마다 글자와 문장이 어떻게 구성되는지 표현이나 느낌을 어떻게 글로 쓰는지 배우고, '일년공부'에서는 책 내용을 알고 생각을 펼쳐 볼 수 있습니다.

공부하다가 궁금한 것이 있으면 다음카페 '모난돌학교'에 질문을 남겨주세요. 모난돌 선생님들이 친절하게 답해 줄 것입니다.

101

봉오동에서 일본군을 무찌른 홍범도
(1868년~1943년, 독립운동가)

역사 연대기

1895년 을미사변이 일어남
1895년 단발령이 내려짐
1908년 의병장 신돌석이 체포됨
1920년 독립군이 봉오동, 청산리에서 일본군을 크게 이김

학습목표

1. 홍범도에 대해 알 수 있다.
2. 한국을 떠난 사람들에 대해 알 수 있다.
3. 한인강제이주 정책에 대해 알 수 있다.
4. 조선족과 까레이스키에 대해 알 수 있다.

같이 읽으면 좋을 책

홍범도 (파랑새 어린이)

인물 이야기

봉오동에서 일본군을 무찌른 홍범도

우리나라가 여러 나라로부터 괴롭힘을 당하며 무너져가고 있던 때, 홍범도는 평양에 있는 가난한 집안에서 태어났습니다. 태어나자마자 어머니가 돌아가시고 아홉 살 때 아버지까지 돌아가셨습니다. 작은아버지 집에서 일을 돕고 머슴일, 노동일을 하며 어렵게 지내던 홍범도는 어느 날 나라에서 군인을 모집한다는 것을 알게 되었습니다.

"그래. 평생 이렇게 머슴 일만 할 수는 없어. 군대에 들어가 장군이 되어야겠어."

열다섯 살 어린 나이에 군인이 된 홍범도는 총 쏘는 법도 배우고 전쟁하는 법도 훈련받았습니다. 머지않아 홍범도는 총도 가장 잘 쏘고 전술도 잘 세우는 군인이 되었습니다. 사람들이 모두 홍범도에게,

"너는 장군이 되고도 남아."

라고 칭찬하였습니다. 그러나 장군이 되려면 높은 사람들에게 돈을 바쳐야 하는 경우가 많았습니다. 실망한 홍범도는 군대에서 도망쳐 버렸습니다. 산으로 들어가 포수가 되었습니다.

그때 일본 군인들이 궁궐에 들어와 명성황후를 죽이고 단발령을 내렸습니다. 우리나라를 일본 마음대로 하려고 하였습니다. 온 나라에서 일본을 몰아내자며 의병이 일어났습니다.

홍범도는 포수들을 모아 일본군을 무찌르기 시작하였습니다. 일본군은 홍범도를 '날아다니는 홍범도'라고 부르며 두려워하였습니다. 의병들이 너도 나도 홍범도 부대에 들어오려고 하였습니다. 60명으로 시작한 의병은 점점 늘어나 천 명이나 되었습니다. 홍범도는 우리나라 사람인데도 일본 편에 서서 일본을 도와주는 단체인 '일진회' 사람들도 혼내주었습니다.

일본은 많은 군대를 보냈지만, 재빠르고 용감한 홍범도 부대에게 번번이 지고 말았습니다. 도리어 큰 피해만 입었습니다. 일본군은 홍범도에게 복수하기 위해 부인을 잡아다 죽였습니다.

　일본군 수가 점점 더 늘어나자 의병들이 나라 안에서 싸우기가 어려워졌습니다. 홍범도는 의병들을 이끌고 만주로 건너갔습니다. 먼저 가있던 독립군들을 모아 '대한독립군'을 만들었습니다. 대한독립군은 두만강을 넘어 우리나라로 들어와 일본 경찰서나 관공서를 습격하고, 일본군을 무찔렀습니다.

　일본군은 큰 부대를 이끌고 독립군들이 있는 봉오동으로 쳐들어왔습니다. 홍범도는 이 소식을 듣고 우리나라 사람들을 산속으로 숨겼습니다. 최진동과 안무가 이끄는 다른 독립군 부대와도 힘을 합쳤습니다.

　홍범도는 봉오동 계곡 위에 독립군들을 숨겨놓았습니다. 그리고 계곡 입구에서 일부러 싸움을 걸고 계곡 안으로 도망 오는 척하며 일본군을 끌어들였습니다. 일본군이 거의 다 들어 왔을 때 홍범도는,

"이 때다! 모두 공격하라!"

고 외쳤습니다. 숨어있던 독립군이 일본군을 향해 총을 쏘기 시작했습니다. 일본군은 어찌할 줄을 몰랐습니다. 수많은 일본군이 쓰러졌습니다. 4백여 명이 넘는 일본군이 죽거나 다쳤습니다. 크게 이긴 홍범도는 다시 쫓아오는 일본군을 피해 이동하면서 김좌진 부대와 만났습니다. 홍범도는 김좌진과 함께 청산리에서도 크게 승리하였습니다.

　일본이 끊임없이 공격해오자 홍범도는 조선 독립을 도와주던 소련공산당과 함께 독립운동을 하기 위해 소련으로 갔습니다.

　하지만 소련은 우리 나라 사람들을 강제로 중앙아시아로 보내버렸습니다. 홍범도도 카자흐스탄 지방으로 쫓겨 갔습니다. 그리고 조국 독립을 보지 못한 채 일흔다섯 살에 끝내 눈을 감고 말았습니다.

탐구하기

1. 홍범도가 소련으로 간 까닭은 무엇이었나요?

 그때 사람들은

우리나라를 떠난 사람들

옛날에는 함경도나 평안도 사람들이 나라에 흉년이 들거나 관리들이 괴롭혀서 살기 힘들어지면 만주나 연해주로 가서 살기도 하였습니다. 일제강점기에는 다른 지방 사람들도 그곳으로 떠났습니다. 일제가 강제로 보내기도 했고, 스스로 가기도 했습니다.

일제는 돈을 벌게 해준다면서 사람들을 모았습니다. 나중에는 광산, 공장에서 일을 시키거나 군인으로 보내기 위해 사람들을 끌고 갔습니다. 일제가 만주를 점령하면서부터는 강제로 우리나라 사람들을 만주로 옮겨가 살도록 하였습니다.

연해주는 소련 땅이었습니다. 소련은 공산주의 국가였는데 그때 일본과 맞서고 있었습니다. 소련은 연해주에 우리나라 사람들이 많아지자 일본군을 도와주는 스파이가 될지도 모른다고 생각했습니다. 그래서 우리나라 사람들을 먼 중앙아시아 땅으로 내쫓았습니다. 순순히 말을 듣지 않을까봐 우리나라 사람 가운데 따르는 사람이 많은 지도자나 군인들 2천 5백여 명에게 반역자라는 누명을 씌워서 죽였습니다.

우리나라 사람들은 짐도 제대로 챙기지 못하고 어디로 가는지도 모르는 채 기차에 타야 했습니다. 병원에서 치료받던 사람들도 치료를 중단하고 기차를 타야했습니다. 소련 군인들이 마을을 샅샅이 뒤져 한 사람도 남김없이 기차에 태웠습니다.

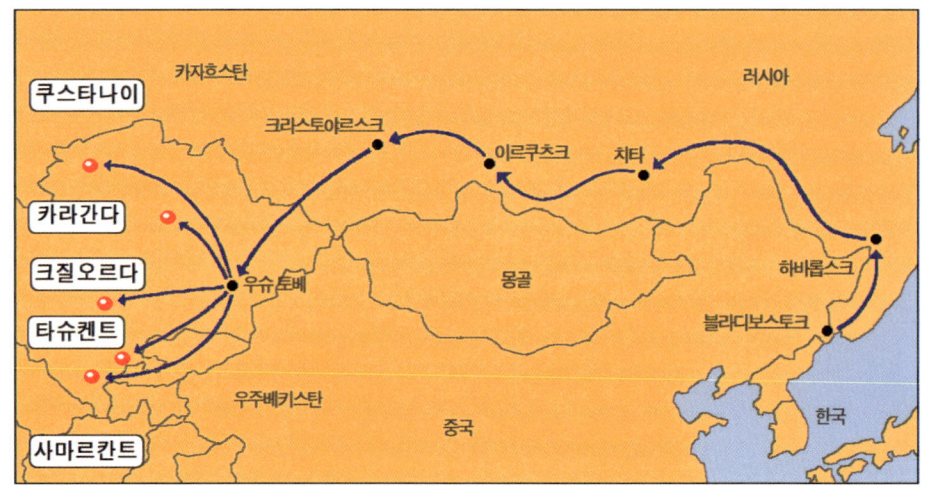

〈한인 이주 강제 경로〉

　기차는 사람이 타는 차가 아니라 짐이나 동물을 싣는 것이었습니다. 추운 겨울인데도 따뜻한 난방도 되지 않았고 화장실도 없었습니다. 전등도 없었습니다. 휑한 창고 같았습니다. 크기도 사람이 타는 것보다 훨씬 작았습니다. 한 칸에는 서너 가족이 함께 타야 했습니다. 좁아터진 기차 안에서 몸을 포갠 채 잠을 자야 했고, 그 속에서 밥을 지어 먹고 용변도 보아야 했습니다. 잘 먹지도 못했고, 씻지도 못해서 많은 사람들이 부스럼으로 고생했습니다. 굶주림과 추위로 죽는 사람도 한둘이 아니었습니다. 며칠을 달리다가 한번 멈추면 사람들은 기차에서 내려 물을 긷고 시체를 묻었습니다.

　한 달을 넘게 달린 끝에 도착한 곳은 연해주로부터 6천 킬로미터나 떨어진 중앙아시아였습니다. 서울에서 부산까지 열다섯 번을 가야 하는 거리였습니다. 기차에서 내렸지만, 살 집도 없는 허허벌판이었습니다. 그 곳 사람들도 처음 보는 우리나라 사람들을 두려워하며 도와주지 않았습니다.

　땅도 농사를 제대로 지을 수 없는 황무지였습니다. 이들은 추위와 배고픔을 견디며 땅을 일구었습니다. 굶주림과 병으로 죽어가는 사람들이 많았지만, 부지런히 일하였습니다. 벼농사를 짓기 위해 물길을 냈습니다. 농기구가 없어서 숟가락으로 땅을 파기도 하였습니다. 그 덕분에 벼농사를 짓지 못하던 땅이 기름지게 변하였습니다. 소련 사람들은 중앙아시아로 강제 이주당한 우리나라 사람들을 '까레이스키 (고려인)'라 불렀습니다.

　아직도 그곳에는 까레이스키들이 많이 살고 있습니다. 어쩔 수 없이 끌려갔지만, 돌아오지 못하고 있는 우리나라 사람들입니다.

탐구하기

1. 연해주에 있던 우리나라 사람들이 중앙아시아로 이주하게 된 까닭은 무엇인가요?

요즘 사람들은

우리나라를 떠나 다른 나라에 살거나, 강제로 이주당한 한국인들이 세월이 흘러도 그곳에서 계속 살고 있습니다. 중국이나 러시아에 살고 있는 교포들에 대해 생각해봅시다.

아직도 돌아오지 못한 동포들

우리나라 사람들은 세계 곳곳에 흩어져 살고 있습니다. 외국에 살고 있는 우리나라 사람들을 해외교포라고 합니다. 재외교포라고도 하는데, 일본에서 살면 재일교포, 미국에서 살면 재미교포라고 부릅니다. 이들 가운데에는 대한민국 국민으로 살고 있는 사람들도 있고, 그 나라 사람으로 귀화하여 국적이 그 나라인 사람들도 있습니다.

우리나라 동포들 가운데는 중국에 사는 조선족과 러시아나 중앙아시아에 사는 고려인도 있습니다.

> 귀화 : 다른 나라 국적을 얻어 그 나라 국민이 되는 일을 가리킴

중국은 다른 민족들이 따로 사는 곳을 정해주고 스스로 다스리며 살게 합니다. 이것을 자치구라고 합니다. 조선시대 때부터 건너간 우리 민족이 중국에 모여 사는 곳은 연변이고 그곳을 연변자치구라고 부릅니다. 중국 사람들은 연변 자치구에 사는 우리 민족을 조선족이라고 부릅니다. 이들은 우리말과 우리글을 쓰고 있습니다.

그러나 러시아는 옛날에 소련일 때 다른 민족들을 자기 민족으로 다 합치려고 하였습니다. 강제로 끌려온 우리나라 사람들에게 우리글과 말을 쓰지 못하게 하였습니다. 그래서 고려인 아들이나 손자들은 우리말이나 글을 잘 모릅니다. 하지만 자기들이 까레이스키라는 것을 자랑스럽게 생각합니다.

러시아 땅인 사할린에도 우리나라 사람들이 많이 살고 있습니다. 이 사람들은 일제강점기에 일본 사람들이 일을 시키려고 강제로 끌고 갔는데 전쟁이 끝난 뒤에도 돌아오지 못하고 이곳에서 살고 있습니다. 이들 가운데에는 우리나라로 돌아오기를 바라는 사람들이 많습니다. 그래서 사할린 동포를 우리나라로 데리고 오는 운동을 펼쳐 2천여 명이 넘는 동포들이 돌아오기도 하였습니다.

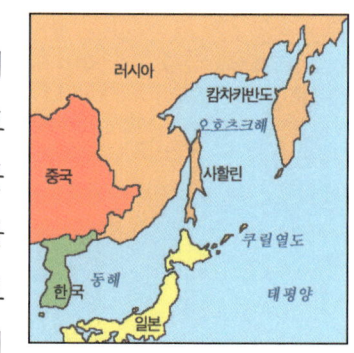

사할린 위치

생각하기

1. 까레이스키나 조선족을 우리나라 사람으로 생각해야 할까요?

102

아리랑을 만든
나운규
(1902년~1937년, 영화인)

역사 연대기

1905년 을사늑약을 맺음
1910년 한일병합조약을 맺음
1919년 3·1만세 운동이 일어남
1926년 나운규가 영화 '아리랑'을 만듦

학습목표

1. 나운규가 독립운동을 한 까닭을 알 수 있다.
2. 영화 '아리랑'에 대해 알 수 있다.
3. 우리나라 영화 발전 과정에 대해 알 수 있다.
4. 우리나라 영화가 외국영화와 당당히 경쟁할 수 있는 까닭을 알 수 있다.

같이 읽으면 좋을 책

나운규 (비룡소)

인물 이야기

한국 영화를 개척한 나운규

 신흥학교를 다니던 나운규는 혁신단이라는 극단이 공연하는 연극을 보게 되었습니다. 무대에서 배우들이 연기하는 모습에 따라 사람들이 울고 웃는 것을 보고 나운규는 큰 감동을 받았습니다. 같이 연극을 보던 윤봉춘에게 같이 연극을 해보자고 하였습니다. 뜻이 맞은 두 사람은 직접 대본을 쓰고 연기도 하였습니다.

 어른들 몰래 숲속에서 연극 연습을 하고 빈 창고에서 친구들을 모아놓고 공연을 하였습니다. 그러다가 아버지께 들키고 말았습니다.

 "이게 무슨 집안 망신이냐? 하라는 공부는 안 하고 웬 광대 짓이냐?"

 나운규는 아버지께 혼이 나면서도 공연을 그만두지 않았습니다. 소문이 퍼지고 인기가 높아져서 학교에서도 공연을 하였습니다. 그러다가 연극 내용 가운데 일본 사람을 창피하게 만든 부분이 있다며 헌병대로 끌려가 혼쭐이 나기도 했습니다.

 일본 헌병을 피해 열일곱 살에 만주로 간 나운규는 명동중학교에 입학하여 우리나라 역사를 배우고 독립군 활동을 알리는 신문을 만들기도 했습니다. 이듬해 다시 고향으로 돌아온 나운규는 3·1만세 운동이 일어나자 회령에서 만세운동을 이끌었습니다. 일본 경찰에게 쫓기게 되자 만주를 거쳐 러시아로 갔습니다.

 일 년 뒤에 만주로 돌아와 윤봉춘과 함께 독립군 비밀 조직에 들어가서 활동하고, 홍범도 부대에서 독립운동을 하기도 했습니다. 다시 우리나라로 돌아왔으나, 만주에서 독립운동을 한 것 때문에 일본 경찰에게 체포되었습니다.

 이때 나운규는 청진에서 2년 동안 감옥살이를 했습니다. 감옥에서 독립투사인 이춘식을 만났는데, 이춘식은 나운규에게 춘사(春史)라는 호를 지어주었습니다.

　감옥에서 나온 나운규는 영화배우가 되기로 결심하였습니다. 부산에 있던 '조선 키네마 주식회사'라는 영화사에 들어갔습니다. 이 영화사에서 만든 〈운영전〉이란 영화에 가마꾼으로 처음 출연하였습니다. 또 〈심청전〉에서는 심청이 아버지인 심봉사역할을 하는 등 여러 영화에 출연하면서 인기를 누렸습니다. 〈아리랑〉을 만들 때에는 직접 시나리오를 쓰고 감독과 주인공까지 맡았습니다.

　〈아리랑〉은 '개와 고양이'라는 다른 제목도 붙여서 지배하는 일본과 지배당하는 우리나라 사이에서 일어나는 일들을 알려주려고 했습니다.

　〈아리랑〉은 부잣집 재산을 관리하는 '마름'이 주인을 믿고 마을 사람들을 괴롭히다가 미치광이 청년에게 벌을 받는다는 내용을 그린 영화입니다. 나운규는 미치광이 최영진 역할을 맡았습니다. 3·1만세 운동을 하다가 일본 경찰에 붙잡혀 심한 고문을 받아 정신이상이 된 주인공 최영진을 미치광이로 내세워, 나라를 빼앗기고 정신을 차릴 수 없었던 우리 민족을 표현했습니다.

　〈아리랑〉은 사람들을 울리며 큰 감동을 주었고, 주제가인 '아리랑'은 전국 방방곡곡으로 퍼져나갔습니다. 아리랑은 소리가 나오지 않는 '무성영화'였기 때문에 변사가 내용을 설명해주었고, 주제가는 이상숙이라는 가수가 직접 불렀습니다. 관객들은 아리랑을 따라 부르며 나라 잃은 설움을 달래었습니다. 일본 경찰은 그 노래 때문에 3·1만세 운동 같은 일이 일어날까봐 가수에게 노래를 부르지 못하도록 했습니다. 그러나 영화를 보던 관객들이 합창으로 '아리랑'을 불렀고, 도리어 더 큰 감동을 주었습니다.

　그 뒤에도 여러 영화를 만들었고, 〈아리랑 3편〉을 만들 때부터는 처음으로 녹음장치를 사용하여 말소리가 나오는 '유성영화'를 만들기도 했습니다.

> 변사 : 무대 옆에서 스크린 장면에 맞추어 혼자 대화를 주고받으며 해설까지 하는 영화해설자

탐구하기

1. 나운규가 〈아리랑〉에 '개와 고양이'라는 다른 제목을 붙인 까닭은 무엇인가요?

그때 사람들은

우리나라 영화발전사

나운규가 배우가 되었던 때는 우리나라에서 영화가 막 시작되던 무렵이었습니다. 이때는 사진이 팔딱팔딱 살아서 움직인다고 하여 영화를 '팔딱 사진'이라고 불렀고 배우는 '광대'라고 불렀습니다. 영화가 서양에서 들어 온 것이므로 영화배우를 '양광대' 라고 불렀습니다.

일본에서는 외국영화가 들어오면서 움직이는 사진이라고 하여 '활동사진'이라고 불렀습니다. 그러다가 움직임을 그대로 보여준다고 하여 한자말로 영화라 부르기 시작했습니다. 그 뒤 우리나라에서도 일본에서 들어 온 말 그대로 영화라고 부르게 되었습니다.

한국에 영화가 처음 들어온 때를 정확히 알 수는 없지만 1899년에 한국을 여행했던 미국사람인 '버튼 홈스'가 영사기를 고종 황제에게 소개하고 서울에 있는 여러 가지 풍물을 촬영해서 상영했다고 합니다.

> 영사기 : 필름에 촬영된 상을 광원과 렌즈 장치를 이용하여 영사막에 확대하여 비추는 기계

1903년, 황성신문에 나온 광고문에는 '동대문 전기회사 기계 창고에서 일요일과 비 오는 날을 뺀 저녁마다 8~10시에 활동사진을 상영한다. 우리나라와 미국이나 유럽 여러 나라를 찍은 아름다운 경치를 볼 수 있고, 입장 요금은 설렁탕 한 그릇 값인 10전이다.'라고 되어 있었습니다. 이때까지는 영화라고 부르지 않고 활동사진이라고 불렀습니다. 왜냐하면 이야기를 만든 것이 아니라 풍경만 찍은 것이기 때문입니다.

1919년에 만들어진 〈의리적 구토〉는 우리나라에서 처음 만들어진 영화라고 합니다. 연극 무대에서 표현하기 힘든 몇 가지 장면을 촬영해 놓은 다음, 연극 중간중간에 보여주었습니다. 그래서 완전한 영화라고 보기는 힘듭니다. 집안을 망하게 만든 나쁜 계모에게 복수를 하는 내용인데 여배우가 없어서 남자배우가 여자로 분장하고 계모 역을 맡았습니다. 당시 부자들 재산이 보통 1천원 정도였는데 〈의리적 구토〉는 단성사 사장이던 박승필이 5천원을 들여서 만든 영화입니다.

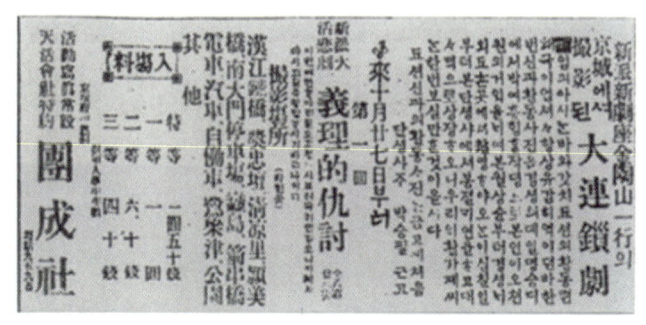

대한매일신보에 실린 〈의리적 구토〉 광고

　단성사는 1907년, 종로에 세워진 극장입니다. 원래 한국 사람이 세웠으나, 일본 사람에게 팔린 것을 박승필이 사 늘여 영화만 상영하는 전문영화관으로 만들었습니다. 단성사에서는 1924년에 〈장화홍련전〉을 만들어 상영하였고, 1926년에는 나운규가 만든 〈아리랑〉을 상영하며 서울을 떠들썩하게 하였습니다. 단성사 말고도 원각사, 우미관 같은 영화관도 세워졌습니다.

　1919년에 만들어진 〈경성전시의 경〉은 실제로 있었던 일을 사실대로 표현한 영화인 '다큐멘터리 영화'였습니다. 한강철교, 명성황후를 지키던 이들에게 제사를 지내기 위해 세운 장충단, 청량리, 남대문 정거장, 뚝섬, 전차, 기차, 자동차, 노량진 같은 서울 경치가 영화에 나왔습니다. 사람들은 흑백으로 촬영된 서울 경치를 보며 아주 신기하게 여겼습니다. 그 뒤로도 많은 영화가 만들어지기 시작했으나 '무성영화'였기 때문에 변사가 내용을 설명해주었습니다.

　우리나라 최초로 상영된 유성영화는 1935년에 만들어진 〈춘향전〉입니다. 동시녹음으로 배우 목소리뿐만 아니라 대문을 여는 소리, 다듬이 방망이 소리와 영화 음악도 같이 들려주었습니다. 춘향이가 문을 여는 장면에서 나무문이 '끼익'하며 소리를 내는 것을 듣고 관객들이 무척 감탄했습니다. 〈춘향전〉은 무성영화보다 입장료가 두 배나 비싼 1원이었지만, 사람들은 신기하다며 영화를 보려고 몰려들었습니다.

영화촬영소 - 경기 남양주

　우리나라에서 처음 만들어진 컬러 영화는 1949년에 만든 〈여성일기〉로 여주인공이 힘든 일을 이겨내고 성공한다는 내용입니다. 실제 색깔과 같은 컬러영화는 사람들에게 더 큰 인기를 얻었습니다.

탐구하기

1. 실제로 있었던 일을 사실대로 나타낸 영화를 무엇이라고 하나요?

2. 우리나라 최초로 만들어진 유성영화는 무엇인가요?

요즘 사람들은

지금도 영화를 만들 때 외국 기술을 빌리기도 하고, 외국에서 만든 영화를 수입하기도 합니다. 외국영화와 경쟁하면서 계속 성장하고 발전하는 우리나라 영화를 살펴봅시다.

미국영화에 흔들리지 않는 우리나라 영화

"엄마, 일요일에 재미있는 영화 보러 가요."
"뭘 보고 싶은데?"
"지금 상영되는 영화 가운데서 관객 수가 가장 많은 영화를 봐요."
"흥행 1위인 영화를 보고 싶다고?"
"그럼요. 그래야 재미있잖아요."

라며 엄마를 졸랐다. 그런데 영화 흥행 순위를 검색해 보니 1위부터 5위까지 전부 우리나라에서 만든 영화들이다. 엄마는 외국영화를 아주 좋아하는데 이번에 상영되는 외국영화들은 별로 인기가 없나 보다. 엄마한테 영화를 가장 잘 만든다는 미국보다 우리나라가 영화를 더 잘 만드는 것 같다고 말했다. 그러자 엄마는 우리나라 영화는 천만 명이 넘게 본 것이 많은데, 우리나라에서 상영된 외국영화는 2009년 까지는 천만 명이 넘은 적이 없다고 했다. 다른 나라는 엄청난 돈을 들여서 만든 미국 영화가 다 휩쓸고 있지만 우리나라는 미국 영화에 결코 뒤지지 않는다고 했다. 나운규가 영화를 만들면서 우리나라 영화와 우리 민족문화를 지키려고 했던 것처럼 지금도 우리나라 영화를 통해서 우리 민족문화를 잘 지켜가고 있다고 했다.

"엄마, 지금 1위를 달리고 있는 우리나라 영화를 봐요. 앞으로는 우리나라 영화를 더 많이 봐야겠어요."

앞으로도 우리나라 영화가 외국영화제에서 상도 더 많이 받고 외국에 수출도 더 많이 했으면 좋겠다.

생각하기

1. 우리나라 영화를 세계 시장에 더 많이 수출하려면 어떻게 해야 할까요?

올림픽에서 금메달을 딴
손 기 정
(1912년~2002년, 마라톤 선수)

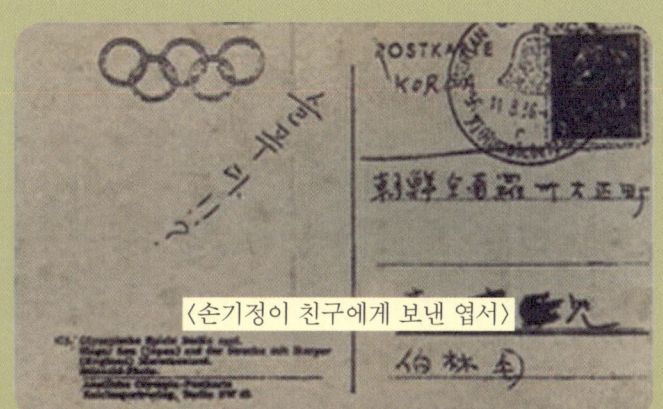

〈손기정이 친구에게 보낸 엽서〉

〈손기정이 올림픽에서 받은 투구〉

역사 연대기

1927년 우리나라에서 처음으로 마라톤 대회가 열림
1936년 베를린올림픽이 열림
1947년 보스턴마라톤대회에서 서윤복이 우승함

학습목표

1. 손기정에 대해 알 수 있다.
2. 손기정이 살았던 시대를 알 수 있다.
3. 일제강점기 스포츠를 알 수 있다.
4. 해외에서 활약하는 한국운동선수에 대해 생각할 수 있다.

같이 읽으면 좋을 책

위대한 마라톤영웅 손기정(주니어랜덤)

인물 이야기

달리기를 좋아했던 손기정

 어렸을 때부터 손기정은 달리기를 좋아했습니다. 많이 달리다보니 신발이 빨리 닳고, 옷도 땀에 젖기 일쑤여서 어머니는 달리는 것을 좋아하지 않았습니다.
 "기정아, 뜀박질하지 마라. 공부는 안 하고 뜀박질만 하면 학교도 안 보낸다. 알겠니?"
라며 말렸습니다. 그래도 손기정은 달리는 것을 포기하지 않았습니다. 집에서 학교까지 오고 가는 십 리 길을 언제나 뛰어 다녔습니다. 자전거를 탄 사람이랑 겨루어도 이길 정도로 달리기를 아주 잘했습니다.
 손기정이 평안북도에서 가장 잘 달리는 선수가 되자, 서울에서 열리는 대회에 도대표로 나가게 되었습니다. 5천 미터 달리기 경기에 출전한 손기정은 2등을 하였습니다. 처음으로 나간 정식대회에서 거둔 훌륭한 결과였지만, 손기정은 실망하였습니다. 기운이 빠져서 고개를 숙이고 있었는데, 마라톤 경기가 시작된다는 소리가 들렸습니다.
 "백리가 넘는 길을 뛴다고? 그렇게 먼 거리를 달리는 경기도 있었나?"
 처음으로 마라톤을 알게 된 손기정은 이왕이면 먼 거리도 잘 달리는 선수가 되고 싶었습니다.
 신의주로 돌아오자마자 손기정은 무조건 오래 달리는 연습만 했습니다. 그 다음해에 마라톤대회에 나갔지만, 처음부터 있는 힘을 다해 달리다가 지쳐버렸습니다. 제대로 된 훈련이 필요하다고 생각한 손기정은 양정고등보통학교에 들어가기로 결심했습니다. 가정 형편이 어려워서 학교에 진학하는 것은 꿈도 못 꾸고 있었는데, 지난번 대회에서 2등을 했으니까 육상부가 있는 양정고보에 들어갈 수 있다는 얘기를 들었기 때문입니다.
 양정고보에 입학한 손기정은 새벽에는 북악산 꼭대기까지 달렸고, 방과 후에는 모래주머니를 차고 창경궁 돌담길을 몇 바퀴나 돌았습니다. 마라톤을 잘하게 된 손기정은 일본에서 열리는 마라톤대회에 출전하였습니다. 그러나 화물차들이 내뿜는 기름

〈종각앞을 달리는 손기정 모습〉

냄새와 매연 때문에 제대로 달릴 수가 없었습니다. 끝까지 달리지도 못하고 포기할 수밖에 없어서 크게 실망하자, 선생님께서 격려해주며 용기를 북돋아 주었습니다. 다시 기운을 얻은 손기정은 달리기에서 최고가 되기로 결심했습니다. 그 뒤로 3년 동안 마라톤대회에 열세 번 나가서 열 번이나 우승을 하였습니다.

스물다섯 살 때 독일 베를린에서 올림픽대회가 열렸습니다. 손기정은 남승룡과 함께 마라톤에 출전하게 되었습니다. 일본 사람인 코치는 일본 선수들에게는 맛있는 음식을 사주고 관광을 시켜주면서 적당히 운동을 시켰지만, 손기정과 남승룡에게는 30킬로미터나 달리게 하고 무리한 훈련을 시켰습니다.

하지만 두 사람은 이를 악물고 연습하였습니다. 손기정과 남승룡은,
"우리 꼭 금메달을 따자. 그래서 일본사람들에게 본때를 보여주자."
고 다짐하였습니다.

드디어 마라톤 경기가 시작되었습니다. 손기정은 서두르지 않고 속도를 조절하면서 달렸습니다. 그러나 마지막 고비인 비스마르크 언덕은 너무나 힘든 코스였습니다. 팔다리에서 힘이 모두 빠져나가는 듯 했지만, 물로 얼굴을 닦고 입을 헹구자 기운이 났습니다. 손기정은 고향에 있는 가족들과 조국을 생각하며 마지막 힘을 다하였습니다.

손기정은 가장 먼저 경기장 안으로 들어섰습니다. 뒤를 이어 영국 선수가 들어왔고, 남승룡이 그 뒤를 이어 들어왔습니다. 한국인 선수가 나란히 시상대에 올랐습니다. 그러나 그들 가슴에는 일장기가 달려 있었고, 국가는 일본 것이 흘러나왔습니다. 우리나라가 일본에 강제로 점령당하고 있었기 때문에 일본인이라고 소개되었습니다. 나라 없는 백성이 겪어야 하는 설움 때문에 너무나 슬펐던 손기정은 월계관수 화분으로 일장기를 가려버렸습니다. 남승룡 또한 일장기를 달고 있는 것이 슬퍼서 고개를 푹 숙이고 말았습니다. 나중에 남승룡은,
"나는 손기정이 딴 금메달이 부러운 게 아니라, 일장기를 가린 월계관수가 부러웠다."
라고 하였습니다. 손기정이 경기가 끝난 뒤에 친구에게 보낸 엽서에는 금메달을 따서 기쁘다는 말이 아니라, '슬푸다'라는 세 글자만 씌어 있습니다.

탐구하기

1. 손기정과 남승룡이 마라톤에서 우승했지만, 시상대에 올라서 슬픈 표정을 지었던 까닭은 무엇인가요?

그때 사람들은

근대 스포츠가 시작되었어요.

조선시대에 양반은 절대로 뛰지 않았습니다. 뛰어다니는 사람을 천하다며 깔보았습니다. 테니스가 처음 들어왔을 때 미국 영사가 시범을 보이자 어떤 대신이,
"아니, 아랫것들 시키시지 왜 영감이 직접 뛰어다니시오?"
라고 말했다고 합니다. 그 사람은 갑신정변 뒤 이조판서에 임명될 만큼 개혁적인 사람이었는데도 양반은 이리저리 뛰어 다니면 안 된다고 생각했던 것입니다.

그러면서도 양반들은 자기들이 부리는 아랫사람들이 빨리 달리는 것은 좋아했습니다. 급한 편지 같은 것을 전할 때면 잘 뛰는 종을 골라서 팔을 피가 통하지 않도록 꽉 동여맨 채 달려서 도착한 다음에야 풀 수 있도록 했습니다. 그래야 피가 얼른 통하게 하려고 빨리 뛰어갈 것이기 때문입니다. 빨리 달려가 빨리 소식을 전하도록 하기 위해서입니다.

1919년에 3.1만세운동이 일어나자 일제는 강압통치에서 문화정치로 우리나라를 다스리는 방법을 바꾸었습니다. 살살 달래면서 우리나라 사람들을 일본사람으로 만들려고 한 것입니다. 이때부터 외국에서 스포츠경기들이 많이 들어와 자리를 잡았습니다.

우리나라에서 처음으로 큰 인기를 얻은 스포츠 스타는 엄복동이었습니다.

1923년 전조선자전차대회에서 우승한 엄복동

'내려다 보아라 엄복동의 자전거……'라는 노래가 널리 퍼질 만큼 유명했습니다. 엄복동이 일본 자전거 선수들을 누르고 우승하는 것을 보면서 나라를 빼앗기고 고통 받던 한을 달랬습니다.

자전거나 야구 같은 종목도 인기였지만, 복싱도 사람들이 아주 좋아한 스포츠였습니다.

우리나라 선수가 일본 선수를 때려눕히는 것을 보면 일본을 이겼다는 마음이 들었기 때문에 나라 잃은 설움을 달랠 수 있었습니다. 우리나라 선수와 일본 선수가 맞붙는 경기는 언제나 사람들이 많이 몰렸습니다. 우리나라 선수가 이기기라도 하는 날이면 마치 나라를 되찾기라도 한 것처럼 자랑스러워했습니다.

 현해남은 열일곱 살에 일본으로 건너가 복싱선수가 되었습니다. 1939년에는 일본에서 가장 인기 좋은 선수인 호리구치와 싸워 12회 판정으로 승리했습니다. 일본 사람들은 자기들이 가장 아끼는 선수가 우리나라 선수에게 졌다는 것에 큰 충격을 받았습니다.

 우리나라 근대스포츠 발전을 크게 도운 단체는 한국 YMCA(와이엠씨에이)였습니다. YMCA는 젊은이들에게 올바른 정신을 깨우치기 위하여 만들어진 종교단체인데, 종교를 퍼트리는 좋은 도구로 스포츠를 이용하였기 때문입니다. YMCA는 야구, 농구, 축구, 육상, 체조, 배구, 권투 같은 근대 스포츠들을 널리 퍼트렸습니다. 또 전통 스포츠인 씨름과 활쏘기도 사람들이 다 같이 널리 즐기기 편하도록 바꾸어 나갔습니다.

 일본제국주의가 우리민족을 누르면 누를수록 하나로 뭉치려는 마음은 더 강해졌습니다. 민족 지도자들도 학교를 세우고 체육 과목을 넣어서 학생들이 몸을 더욱 튼튼하게 단련하도록 이끌었습니다. 스포츠 활동을 통하여 나라를 구하고 독립을 이루는 인재를 키워냈습니다. 몸을 건강하게 키우면 독립운동을 힘차게 펼쳐나가는 힘도 생길 것이기 때문입니다.

 이러한 노력은 국제 대회에서 좋은 성적을 내는 것으로 이어졌습니다. 1936년 베를린 올림픽 대회에서 비록 일장기를 달았지만, 손기정과 남승룡이 마라톤에서 우승을 하였습니다. 해방 뒤인 1947년 보스턴마라톤대회에서는 서윤복이 가슴에 태극기를 달고 1등을 하여 사람들은 역시 우리민족이 최고라는 자부심을 더욱 크게 가지게 되었습니다.

탐구하기

1. 우리나라 선수가 일본 선수를 이겼을 때 사람들이 좋아한 까닭은 무엇인가요?

요즘 사람들은

우리나라에 근대 스포츠가 들어 온지 얼마 되지 않았지만, 세계 속에서 당당하게 멋진 활약을 하고 있는 스포츠 선수들이 많이 있습니다. 세계에 이름을 떨치는 스포츠 선수들에 대해서 알아봅시다.

세계 사람들에게 사랑 받는 우리나라 스포츠 스타들

1970년대에서 80년대 독일 분데스리가에서 축구선수로 활약했던 차범근은 독일 사람들에게 많은 인기를 얻었습니다. 차범근은 300여 경기를 뛰면서 98개 골을 넣어서 '차붐' 신드롬을 일으켰습니다. 독일에서는 차범근이 독일 사람으로 귀화해서 자기 나라를 위해서 계속 뛰어주기를 원했지만, 차범근은 조국을 버릴 수 없다며 이를 거절하였습니다.

박찬호는 미국 메이저리그 야구선수였습니다. 강속구를 던지며 선발 투수로 활약하여 아시아 투수로는 가장 많은 승리를 따냈습니다. 한국이 경제 위기를 겪고 있던 90년대 말에 '코리안 특급'이라는 별명으로 불리며, 온 국민에게 희망을 안겨주기도 했습니다.

박세리는 골프 선수입니다. 스무 살에 미국 LPGA에 진출하여 우승을 하였는데, 호수 옆에 빠진 골프공을 치기 위해 맨발로 호수 속으로 들어가 공을 밖으로 쳐내서 결국 우승하였습니다. 위기 속에서도 침착하게 경기를 하는 박세리 모습에 많은 사람들이 감동을 받았고, 얼마 지나지 않아 박세리는 최연소 그랜드 슬램을 달성하였습니다.

그 뒤에도 많은 스포츠 스타들이 세계무대에서 활약하면서 우리나라뿐만 아니라 세계인들에게 사랑을 받고 있습니다. 축구 선수인 박지성, 피겨스케이트 선수인 김연아 등도 멋진 실력으로 세계사람들을 놀라게 하였습니다.

생각하기

1. 차범근이 독일 사람으로 귀화하지 않은 까닭은 무엇인가요?

104

별을 노래한 시인
윤동주
(1917년~1945년, 시인)

역사 연대기

1940년 일제가 창씨개명을 실시함
1941년 일본이 하와이 진주만을 공격하고 태평양 전쟁이 일어남
1943년 징병제를 공포함
1948년 윤동주 유고 시집이 나옴

학습목표

1. 시인 윤동주에 대하여 알 수 있다.
2. 일제가 실시한 황국신민화에 대해 알 수 있다.
3. 친일문학과 저항문학에 대해 알 수 있다.
4. 윤동주를 기리는 일본사람들에 대해 알 수 있다.

같이 읽으면 좋을 책

별을 사랑하는 아이들아(푸른책들)

인물 이야기

부끄러움을 고백한 시인, 윤동주

 윤동주는 우리나라 북쪽 끝 두만강 건너편 중국 땅인 북간도에서 태어났습니다. 북간도는 일제 탄압을 피해 나라를 떠난 사람들이 많아서 민족의식도 강하고 독립운동에 대한 열기가 높은 곳이었습니다.
 윤동주는 명동소학교를 다녔습니다. 우리말과 역사를 가장 중요한 과목으로 가르칠 정도로 민족의식이 강한 학교였습니다. 윤동주는 문익환, 송몽규 등과 함께 학교를 다니며 나라를 생각하는 마음을 키워나갔습니다.
 윤동주는 책을 읽고 시를 쓰는 것을 좋아했습니다. 서울에서 나오는 잡지인 〈어린이〉와 〈아이생활〉을 송몽규와 하나씩 받아서 같이 보았습니다. 그러자 점점 좋은 글을 잘 가려 낼 수 있게 되었고, 글을 쓰는 솜씨도 늘었습니다. 어느 날 잡지를 읽던 윤동주는 송몽규에게 말했습니다.
 "몽규야, 우리가 쓴 글도 잡지에 실릴 수 있을까?"
 "그 정도야 쓸 수 있지, 잡지에 실린 글도 더러 잘못된 문장이 있더라."
 윤동주는 문장까지 따져가며 읽는 송몽규에게 놀랐습니다. 윤동주는 송몽규와 함께 문학이야기를 나누며 훌륭한 시를 쓰겠다는 꿈을 키웠습니다. 소학교를 졸업할 무렵에는 친구들과 함께 그동안 틈틈이 쓴 글을 모아 〈새 명동〉이라는 잡지를 만들었습니다.
 어느 날 윤동주는 독립운동을 하는 김구에 대한 이야기를 듣고는 부끄러운 생각이 들었습니다. '문학 공부가 나라를 위하는 일에 당장은 큰 보탬이 될 수 없으니 지금은 안 되겠지만, 나중에 꼭 나라를 위한 일을 해야지'라고 다짐했습니다.
 윤동주는 평양에 있는 숭실중학교로 전학을 갔습니다. 대학교에 가려면 5년제 학교를 나와야 했기 때문입니다. 숭실중학교는 기독교 학교이고 민족의식도 강한 선생님들이 많아 즐거운 나날을 보냈습니다. 그런데 일본왕을 모신 사당인 신사에 절을 하라는 명령을 거부했다며 교장선생님이 학교에서 쫓겨났습니다. 그러자 학생들도 신사참배를 거부하며 학교를 그만두었습니다. 윤동주도 학교를 그만두어버렸습니다.

집으로 돌아온 뒤 한동안 시를 쓰지 못하던 윤동주는 어느 날 백석 시인이 펴낸 시집인 ≪사슴≫을 읽게 되었습니다. 백석이 '후손에게 우리말을 물려주려면 시를 많이 써서 전해주어야 한다'라고 한 말에 큰 감명을 받았습니다. 시집을 정성껏 베껴 쓰며 우리 이야기와 숨결이 담긴 시를 써야겠다고 결심하였습니다. 그러나 일제는 성과 이름을 일본식으로 바꾸게 하고, 우리말과 글을 못 쓰게 하며 우리 민족 얼을 없애려 했습니다.

'나는 시인이니 우리말로 우리 정신을 담은 시를 써야 한다.'

대학생이 된 윤동주는 동생들에게도 편지를 써서 앞으로 우리말이 사라질지 모르니, 우리말로 된 것은 책이든, 악보든 무엇이든지 모아두라고 당부하였습니다.

그리고는 나라 잃은 슬픔과 나라를 위해 아무 것도 하지 못하는 부끄러운 마음을 열심히 시로 썼습니다. 윤동주가 쓴 시 속에는 독립을 해야 한다는 강한 의지가 담겨있었습니다. 윤동주는 그 동안 쓴 시들을 모아 시집으로 내려고 하였습니다. 시 18편을 골라 묶어 제목을 〈하늘과 바람과 별과 시〉라고 붙이고 스승인 이양하에게 보여주었습니다.

"자네가 쓴 시는 참으로 훌륭하네. 그러나 이 시를 읽은 사람들이 독립의지를 키울 테니 일본 경찰이 가만두지 않을 것이야."

라고 말하였습니다. 시집을 내는 것을 단념하고 윤동주는 일본으로 유학을 갔습니다.

그때 일제는 우리나라 학생들도 전쟁에 내보려했습니다. 윤동주는 학생들이 일본 군인이 되면 무기도 다루게 되고 일본군 상황도 알게 되니, 때를 보아서 조선인 군인들이 일어나 일본군을 혼란에 빠뜨릴 기회로 여겼습니다. 윤동주와 송몽규는 이 계획을 준비하였습니다. 그러나 중국에서 독립운동을 한 적이 있는 송몽규를 몰래 감시해오던 일본 경찰이 눈치를 채고 윤동주와 송몽규를 체포하였습니다. 후쿠오카 형무소에 갇힌 윤동주는 날마다 이상한 주사를 맞았습니다. 주사 때문에 점점 여위어가던 윤동주는 꿈꾸던 조국 광복을 몇 달 앞둔 어느 날 새벽에 감옥에서 숨을 거두었습니다.

그리고 3년이 지난 뒤 윤동주 시집 ≪하늘과 바람과 별과 시≫가 출판되었습니다.

탐구하기

1. 윤동주는 어떤 시를 쓰고 싶어 했나요?

그때 사람들은

친일문학과 저항문학

일제는 1937년에 중일전쟁을 일으키고, 또 4년 뒤 태평양 전쟁을 일으켜 미국과 싸웠습니다.

전쟁이 커져서 일본 사람만으로 전쟁을 치르기가 힘들어지자, 일제는 일본과 조선은 하나라는 '내선일체'를 주장하며 우리나라 사람들에게 일본 사람이 되라고 강요하였습니다. 우리나라 사람을 일본 천황에게 충성하는 일본 사람인 '황국신민'으로 만들려고 했습니다. 민족의식을 없애 우리나라 사람을 전쟁에 나가게 하고, 우리 땅에서 전쟁에 필요한 물자를 마구 가져가기 위해서입니다.

일제는 우리말과 글도 못 쓰게 하였습니다. 학교에서도 일본말만 가르치며, 학교에서는 물론 집에서도 일본말만 쓰도록 하였습니다. 이름도 일본식으로 바꾸는 '창씨개명'을 시켰습니다. 창씨개명을 하지 않으면 학교에 다닐 수 없었으며 관공서에서 일도 보지 못하도록 하였습니다.

낮 12시가 되면 하던 일을 멈추고 일본 왕이 있는 동쪽을 향해 절을 하게 하였습니다. 일본 왕에게 충성을 맹세하는 글인 '황국신민서사'를 사람이 모이는 곳이면 외우게 하였습니다. 결혼식이 열리는 곳에서도 사람들은 엄숙한 얼굴로 외워야 했습니다.

이런 황국신민화에 일제는 작가들을 이용해 선전하였습니다. 일제는 민족의식을 심어주는 사람들에게 많은 돈과 높은 자리를 주며 마음을 바꾸게 하였습니다. 그러자 3·1만세운동을 이끌었던 민족대표들이나 작가들 가운데 일제에 빌붙는 사람들이 생겼습니다. 민족대표 한 사람으로 독립선언서를 썼던 최남선은 일제가 우리 역사를 바꾸는 일을 도와주고, 일본에 건너가 유학생들에게 군인이 되어 일본에 충성하라는 연설을 하였습니다.

≪무정≫이라는 유명한 소설을 지은 이광수는 앞장서서 창씨개명을 하고는 〈매일신보〉에 창씨개명은 우리 민족을 위해 꼭 필요한 일이라는 글을 발표하였습니다. '조선은 독립이 불가능하니 차라리 일본 국민이 되어 좋은 권리를 누리는 것이 낫다'는 말을 하고 다녔습니다.

동요인 '고향의 봄' 가사를 쓴 아동문학가 이원수도 일제를 찬양하는 시를 썼습니다. 그 밖에도 김동환, 서정주, 김동인, 모윤숙, 김동리, 이효석 같은 작가들이 일제 꼭두각시가 되어 젊은이들을 전쟁터로 보내는 글을 썼는데 이를 '친일문학'이라고 합니다.

 하지만 일제에 맞서 민족정신을 일깨우는 작품을 쓴 사람도 많습니다. 이들이 쓴 작품을 '저항문학'이라고 합니다. 윤동주, 이육사, 한용운은 민족의식과 광복을 노래한 저항시인입니다.

 우리말을 사랑하고 아꼈던 윤동주는 일본으로 유학을 가기 위해 이름을 '히라누 마'로 바꾸었습니다. 어쩔 수 없이 창씨개명을 한 것과 독립을 위해 아무것도 할 수 없다는 것이 너무 부끄러워 '서시'라는 시에 마음을 담아, '하늘을 우러러/한점 부끄럼이 없기를/잎새에 이는 바람에도/나는 괴로워했다.'고 표현하였습니다. 하지만 윤동주는 부끄러워만 하지 않고 언제가 올 광복을 꿈꾸며 '참회록'이라는 시에 '내일이나 모레나 그 어느 즐거운 날에/나는 또 한 줄의 참회록을 써야 한다./그 때 그 젊은 나이에/왜 그런 부끄런 고백을 했던가.'라고 썼습니다.

 안동 출신으로 선비 같은 기품이 있었던 이육사는 독립투사이자, 독립에 대한 염원을 담은 시를 쓴 시인입니다. 이육사는 형이랑 동생과 함께 대구에서 의열단에 가입하고, 열일곱 번이나 감옥에 들어갔지만, 국내와 만주를 오가며 독립운동을 멈추지 않았습니다. 일본경찰에 끌려가 모진 고문을 받으면서도 조금도 굽히지 않고 시를 썼습니다. '광야'라는 시에서는 '지금 눈 내리고/매화 향기 홀로 아득하니/내 여기 가난한 노래의 씨를 뿌려라./다시 천고(千古)의 뒤에/백마 타고 오는 초인이 있어/이 광야에서 목 놓아 부르게 하리라.'며 독립의지를 불태웠습니다.

 독립운동가인 한용운이 ≪님의 침묵≫이라는 시집을 내자 사람들은 큰 감동을 받았습니다. 한용운은 승려였지만, 시는 모든 사람들 가슴을 울렸습니다. '님의 침묵'이라는 시에서는, '우리는 만날 때 떠날 것을 염려하는 것과 같이 떠날 때 다시 만날 것을 믿습니다./아아 님은 갔지만 나는 님을 보내지 아니하였습니다.'라며 빼앗긴 나라를 되찾을 날이 꼭 오고야 말 것이라는 의지를 보여주었습니다. 이 시를 읽은 많은 사람들은 조국 독립이 언젠가는 올 것이라고 굳게 믿게 되었습니다.

탐구하기

1. 시를 써서 일제에 저항의식을 심어준 시인들은 누구인가요?

요즘 사람들은

윤동주는 우리나라뿐만 아니라 일본 사람들도 좋아하는 시인입니다. 일본에서 요즘 한창 일어 나는 한류열풍보다 더 먼저 앞서 시인 윤동주를 기리는 사람들이 있었습니다. 윤동주를 기리는 일본사람들에 대해 알아봅시다.

윤동주를 사랑하는 일본사람들

빨래줄에 걸어논 / 요에다 그린 지도
지난 밤에 내 동생 / 오줌싸 그린 지도
꿈에 가본 엄마 계신 / 별나라 지돈가
돈 벌러간 아빠 계신 / 만주땅 지돈가? (오줌싸개 지도)

학교에서 돌아온 동우는 국어 시간에 배운 동시를 엄마에게 들려주었습니다.

"엄마, 시가 재미있긴 한데 조금 쓸쓸해요."

"그래. 그런데 이 동시를 쓴 작가가 누구인지 아니?"

"글쎄요. 윤동주라고 되어 있긴 한데 잘 모르겠어요."

"윤동주 시인은 우리나라 사람들이 아주 좋아하는 시인이란다. 그런데 이웃 일본 사람들도 윤동주 시를 아주 좋아해. 언제나 바르고 순수한 마음으로 세상을 살고 싶어 했던 마음을 담은 시가 일본 사람들에게도 감동을 주었지."

어머니는 동우에게 일본 사람들이 윤동주 시인을 얼마나 좋아하는지 이야기해 주었습니다.

1984년에 시집인 ≪하늘과 바람과 별과 시≫가 처음 일본에서 나오면서 윤동주는 일본에 알려 졌습니다. 그 뒤 윤동주 시와 수필이 일본 고등학교 국어교과서에 실리면서 더 많은 일본 사람들 이 윤동주를 알게 되었습니다. 윤동주 시를 좋아하게 된 사람들이 모임을 만들어 같이 시를 읽 고 윤동주를 기리는 행사도 열었습니다. 윤동주가 다녔던 도시샤 대학에는 윤동주 시비가 있습 니다. 그 시비에는 윤동주 쓴 손글씨로 된 〈서시〉가 새겨져 있습니다. 윤동주 시를 아주 좋아해 서 '윤동주 고향을 찾는 모임'에 참가하고 있다는 한 할아 버지는 윤동주 시를 제대로 느끼기 위해 한국어를 배우게 되었다고 합니다. 윤동주 시를 사랑하는 사람들은 시민 단체를 만들어 추모회를 열기도 하고 시민공원 안에 추모 비를 세우기 위해 노력하고 있다고 합니다.

생각하기

1. 윤동주 시에서 가장 마음에 와 닿는 부분은 어디인가요?

105. 일제가 가장 두려워했던 김원봉
(1898년~1958년, 독립운동가)

역사 연대기

1919년 의열단이 만들어짐
1940년 광복군이 만들어짐
1948년 남북 대표자연석회의가 열림

학습목표

1. 김원봉에 대해 알 수 있다.
2. 항일무장투쟁에 대하여 알 수 있다.
3. 의열단과 테러리스트에 대해서 알 수 있다.

같이 읽으면 좋을 책

김원봉(파랑새)

인물 이야기

왜놈 상관을 쏘아 죽이고
　　　조선의용대로 오시오.

　김원봉은 밀양에서 태어났습니다. 김원봉은 일본이 우리나라를 강제로 빼앗고, 마을 이곳저곳을 휘젓고 다니는 것이 못마땅했습니다. 김원봉은 일본 천황이 태어난 날이라며 학교에서 일장기를 나누어 주자 똥통에 던져 버렸습니다. 그랬다고 학교에서 벌을 내리자 학교를 그만두고 동화중학교에 들어갔습니다.

　"우리 목숨이 있는 한 강도 같은 일본에 맞서 싸우는 것을 멈출 수 없다. 미래는 너희들 것인데 너희가 떨쳐 일어나지 않으면 어떻게 조국 광복을 이루겠느냐?"

　교장 선생님은 학생들에게 애국심을 심어주었습니다. 동화중학교를 눈엣가시로 여기던 일제는 강제로 학교 문을 닫게 했습니다.

　김원봉은 서울로 가서 공부하기로 마음먹었습니다. 그러나 가서 지내기로 했던 친척이 으리으리한 집에서 사는 모습을 보고 울분을 참을 수가 없었습니다.

　'모두들 슬픔에 잠겨 밤낮으로 나라를 되찾기 위해 애쓰는데, 일본 편에 붙어서 잘 먹고 잘 살고 있다니 …….'

　화가 난 김원봉은 고향으로 내려와 버렸습니다. 그리고 표충사로 들어갔습니다.

　'사명대사가 왜놈을 무찌르기 위해서 일어섰던 이 절에서 나도 왜놈을 물리칠 지혜를 얻어야겠다.'며, 마음을 가다듬고 병법책을 열심히 읽었습니다.

　그러던 어느 날 대한광복회 회장인 고모부를 만났습니다. 고모부는 일제감시 때문에 우리나라에서는 독립운동을 하기가 너무 힘들다며 중국으로 가겠다고 했습니다. 김원봉도 중국에 가서 독립운동을 하고 싶었습니다. 그러나 고모부는 나이가 어리다며 데려가지 않았습니다. 그래도 뜻을 굽힐 수 없었던 김원봉은 열아홉 살에 중국으로 건너갔습니다. 톈진을 거쳐 난징에 있는 학교를 다니며 외국어를 배웠습니다. 그리고 간도로 건너가 신흥무관학교에 입학하여 폭탄제조법, 군사학 등을 배웠습니다.

 3·1만세운동이 일어난 뒤 많은 사람들이 간도로 망명을 했습니다. 김원봉은 그들을 모아,
 "칼 한 번, 총 한 번도 쏘시 않고, 외국 사람들한테 나라를 구해 달라는 편지나 하는 것이 무슨 독립운동인가? 강도처럼 우리나라를 빼앗은 왜놈을 하나라도 죽여야 독립이 빨리 오는 것이다."
라며 '의열단'을 만들었습니다. 의열단은 밀양경찰서와 조선총독부에 폭탄을 던졌습니다. 우리나라 사람들이 말을 잘 듣는 줄 알던 일본 사람들은 깜짝 놀라 두려움에 떨었습니다.
 김원봉은 일본과 맞서 싸울 좀 더 큰 군대를 만들어야겠다고 생각하였습니다. 그래서 자기가 먼저 교육을 받아야겠다고 결심하고, 황푸군관학교에 들어갔습니다. 그곳에서 쑨원, 장제스, 저우언라이 등 중국 최고 지도자들과 함께 교육을 받았습니다. 김원봉은 군관학교를 졸업한 뒤에 〈조선정치군사간부혁명학교〉를 만들어 독립투쟁을 이끌 간부들을 훈련시켰습니다. 김원봉은 학생들에게,
 "일본침략자를 몰아내는 데 가장 좋은 방법은 무장투쟁입니다. 상대방이 말로 해서 듣지 않을 때는 두들겨 패는 수밖에 없습니다. 그러려면 힘이 있어야 합니다."
라고 강조했습니다. 김원봉은 조선의용대를 만들어 중국과 힘을 합쳐 일본에 맞서 싸웠습니다. 또 김구와 손을 잡고 광복군을 만들었습니다. 군대를 이끌고 우리나라로 직접 들어와 일본을 몰아내려고 했습니다.
 마침내 해방을 맞이하여 꿈에도 그리던 고국으로 돌아왔지만, 중국공산당과 힘을 합쳤다며 공산주의자로 몰렸습니다. 독립운동가를 잡아들인 친일파 경찰이었던 노덕술에게 끌려가 뺨을 맞기도 하였습니다.
 "내가 왜놈과 싸울 때도 이런 수모를 당하지 않았는데, 해방된 조국에서 악질 친일파 경찰에게 뺨을 맞다니, 이런 꼴을 보려고 목숨 바쳐 독립운동을 했단 말인가?"
 김원봉은 너무도 분하여 삼 일 동안이나 통곡을 하였습니다. 북한으로 간 김원봉은 남북이 각각 서로 다른 나라를 세우면 안 된다며 한 나라를 세우자고 민족대표들을 모아 회의를 열었습니다. 이렇게 김원봉은 독립과 민족통일을 위해 한 평생을 바쳤습니다.

탐구하기

1. 김원봉이 해방조국에서 삼 일 동안이나 통곡을 한 까닭은 무엇인가요?

그때 사람들은

일제를 공포에 떨게 한 의열투쟁

3·1만세운동이 실패로 끝났지만, 일제로부터 독립하려는 기운은 더 커져 갔습니다. 이제는 독립운동을 만세 부르는 정도로 끝내는 것이 아니라 조직을 갖추고 힘차게 벌여 나가야 한다고 생각하였습니다. 단체가 만들어지면서 혼자서 의병활동을 하던 것보다 더 체계적이고 조직적으로 독립운동을 할 수 있게 되었습니다. 의열투쟁을 펼친 단체로는 의열단과 한인애국단이 있습니다.

의열단

의열단은 1919년 11월에 김원봉을 중심으로 만들어졌습니다. 끊임없는 폭력투쟁을 통해 독립을 이루는 것이 목적이었습니다. 1920년, 부산경찰서에 폭탄을 던진 것을 비롯해서 종로경찰서, 일본 왕궁, 동양척식주식회사 등을 공격하였습니다. 폭탄이라고는 해도 위력이 크지 않아서 사무실 집기들만 망가뜨릴 정도였지만, 우리나라 사람들이 고분고분할 것이라고 생각했던 일본 사람들은 의열단이라는 말만 들어도 벌벌 떨었습니다.

의열단 가운데 김익상은 스물일곱 살에 의열단에 가입하여 조선총독부를 폭파하러 갔습니다. 폭탄 두 개와 권총 두 자루를 몸에 지닌 채 서울로 숨어든 김익상은 전기수리공으로 꾸미고는 조선총독부 정문을 통과하였습니다. 그리고는 건물 뒷문으로 들어가 2층에 폭탄을 던졌습니다. 첫 번째 폭탄은 터지지 않았고, 두 번째 폭탄이 터지면서 총독부 건물이 흔들리자 총독부 안은 발칵 뒤집혔습니다. 폭탄을 던진 의열단원들은 그 자리에서 죽거나 잡혀서 사형당하는 일이 대부분이었지만 김익상은 혼란한 틈을 타서 유유히 빠져 나왔습니다.

인물	시기	내용
박재혁	1920년	부산경찰서에 폭탄 투척
김익상	1921년	조선총독부에 폭탄 투척
김상옥	1923년	종로경찰서에 폭탄 투척
나석주	1926년	동양척식주식회사와 조선식산은행에 폭탄 투척한 뒤 일본인 사살

의열단은 광복이 되는 순간까지 단 한명도 배신을 하지 않았습니다. 김원봉에게는 일제 강점기를 통틀어 가장 높은 현상금이 걸릴 정도였고, 의열단도 일본과 친일파들이 가장 무서워한 사람들이었습니다.

한인애국단

 의열단과 비슷한 의열투쟁을 펼친 단체로 한인애국단이 있었습니다. 한인애국단은 김구가 만든 것입니다. 대한민국 임시정부는 의열단이 무력으로 투쟁하는 것을 보고 너무 위험한 행동이라며 처음에는 의열단을 멀리 하였습니다. 그러나 독립을 향한 의지가 강하다는 것을 알고 힘을 합치기 시작하였습니다. 한인애국단이 펼친 활동 가운데 가장 대표적인 것이 윤봉길과 이봉창 의거입니다.

 이봉창은 1932년 1월에 일본 왕이 타고 가는 마차에 수류탄을 던졌습니다. 수류탄은 명중되지 못하고 뒤따르던 마차에 맞았습니다. 일왕 암살에는 실패했지만, 결과는 엄청나게 컸습니다. 일본을 발칵 뒤집어 놓은 것은 물론이고, 만주사변 이후 일본으로부터 침략을 당하고 있던 중국은 깊은 감명을 받았습니다. 목숨을 건 투쟁에 '불행히 일왕이 맞지 않았다'는 표현을 써가며 의거 실패를 안타까워했습니다. 일본은 이런 기사를 구실로 중국 신문사를 습격하여 파괴시켰고, 군대까지 보내서 상하이를 침략하였습니다. 이것을 상하이 사변이라고 합니다.

〈나석주의사 동상-서울 중구〉

〈상하이 홍커우 공원에 있는 윤봉길 기념비〉

 상하이를 침략한 일본은 일왕 생일을 기념하는 축하행사를 홍커우공원에서 벌였습니다. 윤봉길은 이곳에 폭탄을 던져 장군들과 고위관리들을 죽거나 다치게 했습니다. 중국 지도자였던 장제스는 '중국 백만 대군이 해내지 못했던 일을 한국 젊은이 한 명이 해냈다'며 크게 칭찬했습니다. 그리고 중국에서 우리 민족이 무장투쟁을 할 수 있도록 힘껏 도와 주었습니다. 나중에는 한중연합군을 만들어 함께 일본에 맞서기도 했습니다. 목숨을 걸고 의로운 투쟁을 한 이봉창과 윤봉길 덕분입니다.

탐구하기

1. 김원봉이 의열단을 만든 까닭은 무엇인가요?

요즘 사람들은

일제강점기에는 개인이 무장투쟁을 벌여야 했지만, 지금 우리나라는 세계 어느 나라에도 뒤지지 않는 군대인 대한민국 국군이 있습니다. 우리나라 군대에 관한 내용을 전시해 놓은 전쟁기념관에 대해 알아 봅시다.

전쟁기념관을 다녀왔어요.

"선준아, 얼른 일어나야지."
"엄마, 오늘은 현충일이라 쉬는 날이에요. 쉬는 날까지 일찍 깨우시다니 너무해요."
"너 지난번에 전쟁기념관에 가자고 했던 것 잊었구나."
"아! 맞다. 그걸 까먹다니."

선준이는 며칠 전 수업시간에 한국전쟁에 관한 이야기를 들었습니다. 우리나라가 일제로부터 해방되고 나서 얼마 지나지 않아 전쟁이 났다고 했습니다. 그래서 많은 사람들이 다치고 우리나라 전체가 전쟁으로 피해를 입었는데, 그 때 우리나라 국군이 나라를 지키기 위해 목숨을 걸고 싸워서 지금 우리가 있을 수 있다고 선생님께서 말씀하셨습니다. 그래서 선준이는 전쟁기념관에 꼭 가고 싶었습니다.

삼각지역에 내리자 전쟁기념관 건물이 보였습니다. 정문에 들어서자 양쪽으로 6.25한국전쟁 상징 기념조형물이 세워져 있고, 오른쪽에는 광개토왕릉비가 서있었습니다.

좀 더 들어가자 선준이는 입을 다물 수가 없었습니다. 전차와 미사일 등이 전시되어 있기 때문입니다. 달려가서 그 앞에 서 보니 마치 군인이 된 듯했습니다. 함포와 수륙양용장갑차를 보니 육지뿐만 아니라, 바다에서 활약하는 해군들 모습도 떠올랐습니다.

"아빠, 옛날에 이런 무기가 있었으면 우리가 일본에게 당하지 않았겠죠?"

선준이는 아빠를 쳐다보며 말했습니다.

"그래서 지금도 다른 나라도 국방을 튼튼하게 하려고, 새로운 무기를 개발하여 자기나라를 지키려고 하지."

선준이는 씩씩한 군인이 되어서 훈련을 받고 있는 자기 모습을 상상해 보고, 흐뭇한 미소를 지었습니다.

생각하기

1. 군인이 필요한 까닭은 무엇일까요?

106

자주 국가를 세운
여운형
(1886년~1947년, 민족지도자)

역사 연대기

1945년 광복을 맞음
1945년 조선건국준비위원회를 조직함
1950년 한국전쟁이 일어남

학습목표

1. 여운형에 대해 알 수 있다
2. 건국준비 위원회에 대해 알 수 있다.
3. 우리나라가 만든 첨단무기에 대해 알 수 있다.

같이 읽으면 좋을 책

새나라를 꿈꾼 개화파와 김옥균(서강북스)

인물 이야기

자주 국가를 세운 여운형

여운형은 경기도 양평에서 태어났습니다. 호는 '몽양'인데 여운형 어머니가 붉은 해를 안고 있는 태몽을 꾸어서 붙인 것입니다.

여운형은 신분이 높고 낮음을 가리지 않고 친하게 지냈지만, 아버지는 뼈대 있는 양반이라며 신분이 낮은 사람들과는 어울리지 못하게 하였습니다.

하루는 어떤 평민 아이가 여운형에게 장난을 치자 여운형 아버지는,

"어디 상놈 주제에 양반집 도련님에게 함부로 장난을 치느냐?"

라고 호통을 치며 그 아이를 잡아다가 매를 때렸습니다. 그 아이를 보며 여운형은 가슴이 아팠습니다. 신분이 낮다고 차별받고 무시당하는 사람들을 볼 때마다 여운형은 신분제도가 잘못된 것이라고 느끼고 하루빨리 신분제도가 없어져야 한다고 생각했습니다.

청년이 된 여운형은 강릉에 '초당의숙'이라는 근대식 학교를 세워서 밤마다 야학을 열고 사람들에게 민족의식을 전하였습니다. 그러나 일제가 우리나라를 강제로 빼앗으며 '한일병합조약'을 맺자, 학교도 강제로 문을 닫게 되었습니다.

여운형은 선교사 클라크를 따라 간도에 있는 신흥무관학교를 돌아보며 독립운동을 반드시 해야겠다는 결심을 하고 중국으로 갔습니다. 난징에 있던 진링대학에서 영문학을 공부하다가 상하이로 간 여운형은 신한청년당을 만들고 김규식을 파리평화회의에 대표로 보냈습니다. 상하이에서 대한민국임시정부가 세워지자 임시의정원 의원이 되었습니다.

나라 밖에서 활발하게 독립운동이 일어나자 불안감을 느낀 일본정부는 여운형을 설득하려고 도쿄로 초청했으나 가지 않았습니다.

여운형은 고려공산당에 들어가 러시아 수도인 모스크바에 가서 우리나라 사정을 세계에 알리기도 하고 〈조선중앙일보〉사 사장이 되어 베를린 올림픽 마라톤 우승을 차지한 손기정 선수 사진에서 가슴에 있던 일장기를 지워버렸습니다. 그 일 때문에 신문사가 문을 닫고 말았습니다.

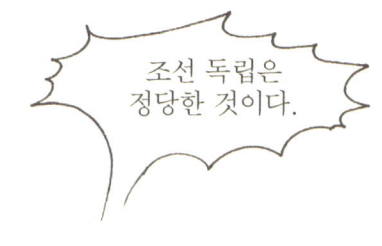
조선 독립은 정당한 것이다.

일본이 태평양전쟁에서 점점 궁지에 몰리면서 연합군에게 질 것이라는 소문이 자자해졌습니다. 일본으로부터 우리나라가 독립할 날이 멀지 않았음을 깨달은 여운형은 비밀 조직인 '조선건국동맹'을 만들고 나라를 되찾기 위한 준비를 하였습니다.

우리나라에 살고 있는 일본 사람들은 일본이 전쟁에서 지면, 우리나라 사람들에게 보복을 당할까봐 두려워했습니다. 그래서 우리나라 사람들이 가장 존경하고 많이 따르는 여운형에게 일본 사람들이 안전하게 돌아갈 수 있도록 도와달라고 부탁했습니다. 여운형은 독립운동을 하다가 감옥에 갇힌 사람들이 풀려나야 한다고 생각하여,

"죄 없이 경찰서와 헌병대에 갇힌 우리나라 사람들을 풀어 주시오."

라는 조건을 내세워 그 부탁을 받아들였습니다.

일본이 항복한 뒤 여운형은 일본으로부터 치안권을 넘겨받고 '조선건국준비위원회'를 만들었습니다. 우리나라를 차지하려고 미국과 소련이 군대를 이끌고 들어오기 전에 서둘러 나라를 세우려고 하였습니다. 우리나라가 독립국가임을 알리기 위해 '조선인민공화국'을 만들고 정부를 세웠습니다.

그러나 우리나라를 맡아서 다스리기로 한 미국은 조선인민공화국을 나라로 인정하지 않았습니다. 사람들도 미국편인 우익과 소련편인 좌익으로 나뉘어서 서로 다투었습니다. 여운형은 좌익과 우익을 따지지 않고 하나로 뭉친 통일 국가를 세우려고 했습니다. 하지만 좌익은 여운형을 이 편에 붙었다 저 편에 붙었다하는 '기회주의자'라며 욕하고, 우익은 여운형을 소련편에 붙은 '공산주의자'라며 미워했습니다. 좌익과 우익은 여운형에게서 등을 돌리고 해치려고만 하였습니다. 나라는 남과 북으로 나뉘어 각각 다른 정부를 세우려고 하였습니다.

여운형은 하나로 뭉친 정부를 세우자고 호소하였으나, 이승만 단독정부를 지지하던 열여덟 살 고등학생이 쏜 총에 맞아 숨을 거두고 말았습니다.

탐구하기

1. 여운형이 일본으로부터 치안권을 넘겨받고 '조선건국준비위원회'를 만들고 서둘러 나라를 세우려고 한 까닭은 무엇인가요?

그때 사람들은

건국준비위원회와
두 조각으로 갈라진 나라

  1945년 8월 초, 일본이 태평양전쟁에서 점점 불리해지자 조선 총독은 여운형을 찾아왔습니다. 한국에 있는 일본인들 생명과 재산을 보호해주는 대신에 여운형은,
"조선 정치범·경제범을 즉시 석방하라. 서울 지역에 식량 3개월분을 확보해라. 치안유지와 독립운동 및 건설 사업에 아무런 간섭을 말라. 학생 훈련과 청년 조직에 간섭 말라. 조선에 있는 각 사업장 노동자들을 우리 건설 사업에 협력시키며 아무런 괴로움을 주지 말라."
고 요구하였습니다. 그리고 1945년 8월 15일 조선건국준비위원회가 만들어졌습니다. 건국준비위원회는 우리 땅에 민주주의 정부를 만들어 사람들이 마음 편히 사는 독립 국가를 만들려고 하였습니다. 위원장은 여운형, 부위원장은 안재홍과 허헌이 맡았습니다. 건국준비위원회는 먼저 혼란을 바로 잡고 질서를 유지하려고 했습니다. 북쪽에서는 독립운동가였던 조만식이 건국준비위원회를 이끌었습니다. 전국에 145개 지부가 생길만큼 건국준비위원회는 국민들에게 열렬한 환영을 받았습니다.

〈몽양 여운형 기념관 - 경기 양평〉

 일제강점기에 가장 많은 고통을 당한 이들이 농민들이었기 때문에 건국준비위원회는 우리 나라를 일제로부터 해방시키려면 농민을 해방시켜 농민들이 잘 사는 나라를 이루어야 한다고 여겼습니다. 나라가 해방이 되어도 농민 해방이 없으면 가치가 없다고 여겨 농민운동을 일으켰습니다. 농민운동은 농민 옷을 입고 농민 밥을 먹고 농민 말을 함으로서 비로소 이루어진다고 주장하였습니다. 그래서 건국준비위원회는 토지문제를 해결하려고 노력했습니다.

 이런 농민운동을 하는 건국준비위원회를 '좌익'이라고 하며 보수적인 정치인들이 반대하기 시작했습니다.

 좌익은 '좌파'라고도 부르며 '우익(우파)'과 서로 반대되는 말로 쓰입니다. 안정보다는 변화를 원하고, 국가 경제발전보다는 국민 모두에게 골고루 혜택이 돌아가는 나눔과 복지를 중요하게 생각하는 이들을 좌익이라고 부릅니다.

 건국준비위원회가 국민 하나하나가 잘 사는 나라를 이루어야 한다고 주장하자, 지나치게 좌익세력으로 조직되었다며 민족주의쪽 정치인들이 비판하기 시작했습니다. 그리고 부위원장 안재홍은 건국준비위원회를 나가 조선국민당을 세웠습니다.

 건국준비위원회는 자주 독립 국가를 세우기 위해 모든 힘을 하나로 모으려 했지만, 뜻대로 되지 않았습니다. 왜냐하면 그 당시 독립운동을 하고 건국준비를 하던 많은 사람들은 뜻이 같은 사람끼리는 뭉치고, 뜻이 다른 사람과는 맞섰기 때문입니다. 1945년 9월 7일에 건국준비위원회는 좌익과 우익세력으로 나뉘어져 해체되었고, 9월 11일에 '조선인민공화국'이 세워졌습니다.

 처음부터 건국준비위원회를 반대하던 송진우, 김성수 등과 미국 군대가 이끄는 군사정부는 조선인민공화국을 인정하지 않았습니다. 미국은 조선인민공화국을 무너뜨린 다음, 10월 10일에 38선 남쪽에서는 미군정이 공식적인 정부라고 선언하였습니다.

탐구하기

1. 좌익은 어떤 사람들을 부르는 말인가요?

요즘 사람들은

일본이 망하고 자주 독립 국가를 세울 수 있었지만, 힘이 없어서 스스로 나라를 지키지 못했습니다. 지금 우리나라는 스스로 힘을 키우기 위해 노력하고 있습니다. 우리나라가 만든 첨단무기에 대해 알아봅시다.

첨단 무기 전시회 - 아덱스

 나라를 지키기 위해 무기를 만드는 방위산업이 어떻게 발전해 왔는지를 볼 수 있는 '서울 아덱스'가 서울공항에서 열렸습니다. 아덱스(ADEX)는 서울 국제 항공우주 및 방위산업 전시회(seoul international Aerospace & Defense Exhibition)를 줄인 말입니다.

 27개 나라에서 270여 개 방위산업체가 참가한 전시장에는 여러 가지 첨단 무기들이 전시되었고, 우리나라와 외국 방위산업체에서 일하는 사람들 약 3만여 명이 참가했습니다.

 아덱스 전시장에서 가장 돋보인 것은 바로 'T-50 초음속 고등훈련기'입니다. 우리나라 기술로 개발하여 만든 것으로 성능이 뛰어나 외국에도 널리 알려져 있습니다.

T-50 초음속 훈련기 : 골든 이글

 한국형 헬리콥터인 '수리온'도 큰 인기를 끌었습니다. 수리온은 용맹하고 빠른 독수리에서 '수리'를 따고 숫자 100을 뜻하는 '온'을 붙여 만든 이름입니다.

 육군 전차 'K2 흑표'도 전시되었습니다. K2 흑표 전차는 21세기 전쟁에 맞추어 개발하였습니다. 지휘관, 포수, 운전자, 이렇게 3명이 타는데 시속 70km까지 달릴 수 있습니다. 미사일 공격을 미리 알아내는 레이더를 설치하여 미사일을

K2 흑표 전차

피할 수 있고, 전차를 덮은 장갑은 독가스도 막을 수 있어서 산소마스크를 쓰지 않아도 됩니다. 흑표 전차는 미국 M1A2, 독일 레오파드, 영국 챌린저 같이 유명한 전차보다도 더 뛰어납니다.

 이렇게 우리나라도 우리가 만든 무기로 스스로를 지킬 수 있는 자주국방을 이루어가고 있습니다.

생각하기

1. 우리나라가 뛰어난 무기를 만드는 까닭은 무엇인가요?

107

조국독립을 위해 평생을 바친 김구
(1876년~1949년, 독립운동가)

역사 연대기

1919년 대한민국임시정부가 세워짐
1948년 대한민국이 세워짐
　　　 조선민주주의 인민공화국이 세워짐
1962년 남산에 김구 동상이 세워짐

학습목표

1. 김구에 대해 알 수 있다.
2. 대한민국 임시정부에 대해 알 수 있다.
3. ≪백범일지≫에 대해 알 수 있다.

같이 읽으면 좋을 책

백범 김구(창비), 김구(비룡소)

조국독립을 위해 평생을 바친 김구

어릴 때 김구는 아버지 돈을 훔쳐 도망가다가 붙들려 매를 흠씬 두들겨 맞기도 하는 등 말썽을 많이 피웠습니다. 그러나 과거에 합격하면 양반이 될 수 있다는 말을 듣고 글공부를 시작하였습니다. 양반이 되어 집안을 일으켜야 한다고 생각했기 때문입니다.

열심히 공부하여 과거를 보러갔지만, 돈을 받고 합격 시켜주는 것을 보고는 크게 실망하여 글공부를 포기하고 말았습니다. 얼굴 생김새를 보고 사람이 어떻게 사는지를 알아보는 관상 공부를 하였습니다. 김구는 관상 책에서 '얼굴상이 좋은 것보다 몸이 좋은 것이 낫고, 몸이 좋은 것보다 마음이 좋은 것이 낫다.'라는 글을 보고 마음 좋은 사람이 되기로 결심하였습니다. 그래서 동네 아이들을 모아 글을 가르치기 시작하였습니다.

그때는 동학이라는 종교가 널리 퍼져있었습니다. 동학은 사람이 하늘이며, 사람은 높은 사람 낮은 사람이 없이 평등하다고 했습니다. 많은 백성들이 동학을 믿었습니다.

> 접주:동학에서 교를 이끌어나가던 조직인 접을 이끄는 대표

김구는 동학 모임을 이끄는 접주가 되었습니다. 열일곱 어린 나이에 접주가 되었다고 사람들은 김구를 '아기접주'라고 불렀습니다. 동학농민운동이 일어나 싸움에 나갔지만 일본군에게 패하자 청나라로 가서 독립운동을 하기로 결심했습니다.

청나라로 가던 길에 상인으로 꾸민 일본군을 보고는 명성황후를 시해한 원수라며 죽였습니다. 그 때문에 감옥에 갇혔습니다.

감옥에서 탈출한 김구는 여러 사람들과 비밀 단체를 만들어 독립운동을 하였습니다. 김구는 3·1만세운동이 일어난 뒤 일제 탄압을 피해 중국 상하이로 갔습니다. 독립운동을 더 힘차게 하려면 국민들 힘을 하나로 합칠 곳이 필요하다고 생각했습니다.

"만세만으로는 독립을 할 수 없습니다. 독립을 하기 위해서는 정부가 있어야 합니다."
김구는 독립운동을 하는 많은 사람들과 함께 대한민국 임시정부를 만들었습니다.

"저는 문지기가 되어서라도 임시정부를 지키겠습니다. 저를 문지기로라도 써주십시오."

김구는 높은 자리를 탐내지 않고 자기가 맡은 자리에서 임시정부 일을 누구보다도 열심히 해냈습니다. 그리고 7년 만에 임시정부를 이끄는 자리인 국무령이 되었습니다.

이봉창이 일본 왕에게, 윤봉길이 일본 군인들에게 폭탄을 던진 것도 김구가 이끌었습니다. 이 의거를 자신이 지시했다는 것을 당당히 말한 김구는 일본군에게 쫓기면서 임시정부를 여러 번 옮겨다니기도 했지만, 결코 굴하지 않았습니다.

이봉창과 윤봉길 의거는 우리나라 사람뿐만 아니라 일본이 침략하여 큰 고통을 당하고 있던 중국 사람들 마음도 움직였습니다. 중국 정부 대표인 장제스는 김구를 만나 독립운동을 도와주기로 약속했습니다. 군인들을 훈련시키는 중국 군대학교에 우리 나라 사람들도 받아주어 나중에 우리나라 군대인 광복군을 만들 수 있었습니다.

일본이 연합군에 항복하여 우리나라가 독립이 되는 줄 알았지만, 미국과 소련이 자기들 마음대로 우리나라를 맡아서 다스리는 신탁통치를 한다고 발표하였습니다. 미국군과 소련군은 북위 38도 선을 경계로 하여 우리나라를 둘로 나누어 차지하였습니다. 남과 북에 서로 자기 편 정부를 세우려고 하였습니다. 김구는 우리민족이 하나로 뭉쳐 한 정부를 세우자며 삼팔선을 넘어가서 북쪽대표들을 만나고 오기도 했습니다. 그러나 남쪽과 북쪽에 각각 다른 정부가 들어서고 나라는 둘로 나누어지고 말았습니다.

"나는 통일된 조국을 건설하려다가 38선을 베고 쓰러질지언정 따로 따로 정부를 세우는 데는 협력하지 않겠다."

나라가 분단된 것을 누구보다 가슴 아파했던 김구는 안두희가 쏜 총에 맞아 세상을 떠나고 말았습니다.

탐구하기

1. 김구가 삼팔선을 넘은 까닭은 무엇인가요?

그때 사람들은

대한민국 임시정부

 대한민국 임시정부는 3.1 만세운동 뒤에 독립운동을 하는 많은 사람들이 만든 정부입니다. 우리나라가 독립된 나라임을 세계에 알리고 일본에 맞서서 독립운동을 하기 위해 만들었습니다.

 1919년 4월 17일 중국 상하이에서 대한민국 임시정부는 헌법을 만들고 대통령을 뽑았습니다.

 또 임시정부가 독립된 우리 나라 정부라는 것과 일본이 우리나라를 침략했다는 사실을 세계에 알리기 위해 많은 외교 활동을 하였습니다. 다른 나라에서 열리는 회의에 사람을 보내서 독립할 수 있도록 도와달라고 호소하였습니다. 또 다른 나라에 사는 동포들에게 임시정부가 세워졌다는 것을 알렸습니다. 많은 동포들이 나라를 되찾을 수 있다는 희망을 더욱 크게 가지게 되었고, 임시정부를 돕는 일에 나섰습니다.

 국민들에게 독립운동 소식을 전하기 위해 독립신문을 만들어 나라 안에 있는 국민들과 다른 나라에 있는 국민들에게 나누어주기도 하였습니다.

 일본과 싸우려면 군대가 있어야 한다고 생각하여 상하이에 군인을 교육할 수 있는 학교를 만들고 여러 곳에 있던 독립군들을 모아 일본군과 싸우기도 하였습니다. 국민들이 배워서 나라 힘을 키울 수 있도록 학교를 세우고 사람들을 가르치는 일도 했습니다.

 김구가 만든 '한인애국단'에 있던 이봉창, 윤봉길 의사가 의거를 일으킨 뒤 일본은 임시정부를 엄청나게 탄압했습니다. 임시정부는 상하이를 떠나 여러 곳으로 옮겨 다니게 되었고, 많은 사람들이 임시정부를 떠나기도 했습니다.

 중국 충칭에 머물게 된 임시정부는 여러 곳에서 독립운동을 하고 있던 단체를 모아 1940년에 한국광복군을 만들었습니다. 많은 군인들이 훈련을 받았고, 일본군대에 끌려갔던 한국 군인들이 탈출하여 광복군에 들어오기도 했습니다. 광복군은 연합군과 함께 한국으로 들어가 일본군과 전쟁을 벌이려고 작전을 세우기도 했습니다.

 그러나 그때 미국이 히로시마와 나가사키에 떨어뜨린 원자폭탄으로 일본이 항복하였습니다.

대한민국 임시정부 건물

나라는 해방되었지만, 우리나라에 들어온 미국군은 임시정부가 우리나라를 대표하는 것을 원하지 않았습니다. 그래서 임시정부가 한국에 들어오는 것을 막았습니다.

하는 수 없이 김구와 임시정부 사람들, 그리고 광복군은 국민들도 모르게 조용히 나라로 돌아와야 했습니다. 나중에야 김구와 임시정부 사람들이 귀국한 것을 알게 된 국민들은 이들을 열렬히 환영하였습니다.

그러나 우리나라에 들어와 있던 미국군은 이승만을 내세웠습니다. 이승만은 한때 임시정부에서 일하기도 했지만, 김구와는 생각이 많이 달랐습니다. 이승만은 미국이 힘센 나라이므로 미국에 잘 보여서 미국 힘을 빌려 독립을 해야 한다고 생각했습니다. 또 해방이 되어 돌아온 뒤에도 남한만 따로 정부를 만들어야 한다고 주장했습니다.

김구는 이에 반대하여 북한으로 가서 협상을 벌이기도 하고 남북한이 따로 정부를 두는 것을 반대하고 미국군이 철수할 것을 요구했습니다. 하지만 남한에서 따로 정부를 만들기 위한 단독 선거가 이루어지고 이승만은 우리나라 첫 번째 대통령이 되었습니다.

포기하지 않고 통일을 위해 노력하였으나 결국 피살당한 김구 장례식은 처음으로 국민장으로 치러졌고, 백만 명이 넘는 국민들이 거리로 쏟아져 나와 슬퍼했습니다. 비록 나라 대표는 아니었지만, 임시정부 주석으로 독립과 통일을 위해 애쓴 김구를 진정한 지도자로 여겼고 존경했기 때문입니다.

지금도 대한민국 헌법에는 '대한민국은 3·1 만세운동으로 세운 대한민국 임시정부의 법통을 이어받는다.'고 되어 있습니다.

〈경교장 - 서울 서대문〉

탐구하기

1. 임시정부 사람들이 몰래 나라에 들어와야 했던 까닭은 무엇인가요?

요즘 사람들은

≪백범일지≫는 김구가 아들들에게 편지처럼 쓴 글을 모은 책입니다. ≪백범일지≫를 통해서 김구에 대해 생각해봅시다.

백범 김구 선생님을 생각하며

학교에서 필독서로 정한 ≪백범일지≫를 읽고 효창공원에 있는 김구 선생님 무덤도 다녀왔다. ≪백범일지≫는 임시정부에서 독립운동을 하면서 김구 선생님이 직접 쓴 책인데 어떻게 독립운동을 했는지, 어떤 생각들을 했는지를 두 아들에게 편지를 보내는 것처럼 되어 있다.

백범은 김구 선생님이 이름에 직접 붙인 호인데 '가장 낮은 사람'이라는 뜻이다. 이렇게 호를 지은 것도 누구나 애국심이 자신과 같았으면 하는 바람이었다고 한다. 선생님이 오직 바란 것은 독립뿐이라는 마음이 전해져 오는 것 같다.

≪백범일지≫ 뒤에는 '나의 소원'이라는 글이 있다. <"네 소원이 무엇이냐?"하고 하느님이 물으시면 나는 서슴지 않고 "내 소원은 대한 독립이오." 하고 대답할 것이다. "그 다음 소원은 무엇이냐?" 하면 나는 또 "우리나라의 독립이오."할 것이요. 또 "그다음 소원이 무엇이냐?"하는 세 번째 물음에도 나는 더욱 소리를 높여서 "나의 소원은 우리나라 대한의 완전한 자주 독립이오." 하고 대답할 것이다. 동포 여러분! 나 김구의 소원은 이것 하나밖에 없다. 내 과거의 칠십 평생을 이 소원을 위해 살아왔고 현재에도 이 소원 때문에 살고 있고, 미래에도 나는 이 소원을 이루려고 살 것이다.>라고 되어 있다

김구 선생님은 지금 효창공원에 묻혀계신다. 여기에는 삼의사 묘가 같이 있다. 삼의사묘는 나라를 위해 목숨을 바친 이봉창, 윤봉길, 백정기 의사가 묻혀 있는 곳이다. 이분들은 일본에서 돌아가셨지만, 김구 선생님이 광복이 되자마자 일본으로 가서 유해를 모셔왔다고 한다. 또 이동녕 등 임시정부에서 일했던 세 분들 무덤도 있다. 안중근 의사 무덤도 있는데 안중근 의사는 러시아에서 사형 당했기 때문에 유해를 찾을 수 없어서 빈 무덤만 만들어두었다고 한다. 지금도 유해를 찾고는 있지만, 오래되어서 찾기 어렵다고 한다. 삼의사 무덤을 보고 나니 시계를 주고받으며 눈물을 삼켰을 김구 선생님과 윤봉길 의사도, 죽기 전에 밝게 웃으며 사진을 찍었을 이봉창 의사, 그리고 그것을 보면서 가슴아파했을 김구 선생님 마음이 느껴져 마음이 찡해왔다. 그분들은 하늘나라에서 독립된 우리나라를 지켜보며 뭐라고 하실까?

> 유해: 유골

생각하기

1. 김구, 윤봉길, 이봉창 의사들께 하고 싶은 말을 써 보세요.

108

천재 화가
이중섭
(1916년~1956년, 화가)

역사 연대기

1922년 제1회 조선미술전람회가 열림
1948년 대한민국 정부가 세워짐
1950년 한국전쟁이 일어남
1953년 휴전협정을 맺음

학습목표

1. 이중섭 삶과 그림에 대하여 알 수 있다.
2. 현대미술사에 대해 알 수 있다.
3. 문화를 기부하는 것에 대해 생각할 수 있다.

같이 읽으면 좋을 책

아이를 닮으려는 화가 이중섭(나무숲)

인물 이야기

소와 어린이를 사랑한 화가 이중섭

황소 그림으로 유명한 서양화가 이중섭은 평양에서 어린 시절을 보냈습니다. 평양에는 벽화가 그려져 있는 고구려 옛무덤들이 많았습니다. 이중섭은 고구려 벽화를 자주 보러 다녔습니다. 언젠가는 고구려 화가들처럼 힘찬 선이 살아 있는 그림을 그리고 싶었습니다.

정주에 있는 오산학교를 다닐 때부터 이중섭은 그림 잘 그리는 아이로 소문이 자자했습니다. 미국과 프랑스에서 그림을 공부하고 돌아온 미술 선생님 임용련은 이중섭에게,

"그림은 서양식으로 그리더라도 그 속에는 우리 마음과 혼이 담겨 있어야 해."

라며 우리 문화가 담겨 있는 그림을 그려야 한다고 가르쳤습니다. 또 다른 사람을 따라하는 것이 아니라 자기 나름대로 방법을 찾아서 그리도록 이끌었습니다.

이중섭은 학교를 오고갈 때 보이는 황소가 참 좋았습니다. 호수 같이 맑은 눈망울을 보면 순하기만 한 황소지만, 쟁기나 수레를 끌고 일을 할 때는 근육을 불끈 세우며 힘이 넘쳤습니다. 이중섭은 틈만 나면 소 곁에 앉아 관찰하고 그림을 그렸습니다. 친구들은 그런 이중섭을 '소 각시'라 부르며 놀렸습니다. 하지만 이중섭은 그런 놀림에도 아랑곳 하지 않았습니다.

어느 날 이중섭이 그린 소 그림을 본 임용련은,

"네가 그린 소는 논밭에서 땀 흘리며 일하는 마음 착한 농부를 닮은 것 같구나."

라며 이중섭이 그린 소 그림을 크게 칭찬하였습니다.

일제가 우리말을 못 쓰게 하자 이중섭은 그림에 한글을 넣어서 그렸습니다. 또 그림이 완성되었을 때는 'ㅈㅜㅇㅅㅓㅂ'이라고 사인을 하였습니다.

졸업반이 된 이중섭은 졸업앨범 표지를 그렸는데, 일본에서 우리나라 쪽으로 시뻘건 불덩이가 날아오는 그림을 그렸습니다. 일제는 일본이 우리나라를 침략한 것을 뜻하는 그림이라며 졸업앨범을 못 내게 하였습니다. 일제가 우리 민족 얼이 담긴 그림을 두려워 한 것입니다.

　이중섭이 그림을 더 깊이 배우기 위해 일본으로 유학을 갔을 때입니다. 어느 날 이중섭이 하얀 석고상을 검은 목탄으로 시커멓게 그려놓은 것을 본 선생님이,
　"자네는 왜 배운 대로 그리지 않고 목탄 범벅을 해놓았나?"
라며 그림을 고치라고 했습니다. 그러나 이중섭은 그림을 고치지 않았습니다. 있는 그대로 그리는 것보다 '내 방식대로 내 느낌대로 그리는 그림'이 더 중요하다고 생각했기 때문입니다. 자기 나름대로 방법을 찾아서 그림을 그린 이중섭은 일본에서 열린 미술대회에서 상도 타고 신문과 잡지에도 그림이 실리면서 화가로 이름을 떨치게 되었습니다.
　우리나라로 돌아온 이중섭은 학교 후배인 마사코와 결혼을 하고 두 아이를 두었습니다. 그런데 나라가 광복이 되고 남과 북으로 갈라지더니 전쟁이 일어났습니다. 이중섭은 아내와 아이들을 데리고 부산으로 피난을 갔습니다. 부두에서 짐을 나르는 일을 했지만, 가족들은 굶주림에 시달리고 매서운 추위에 떨어야 했습니다.
　이중섭은 가족들을 데리고 제주도 서귀포로 갔습니다. 헛간을 빌려 만든 작은 방에서 네 식구가 살며 바닷가에서 잡은 게나 물고기로 끼니를 때웠지만, 행복했습니다. 이중섭은 전쟁으로 힘들고 지쳤지만, 언젠가는 평화로운 세상이 될 것을 꿈꾸며 〈서귀포 환상〉을 그렸습니다.
　그러나 굶주림에 병까지 얻은 아내는 병을 치료하기 위해 두 아들을 데리고 일본으로 가고 말았습니다. 홀로 남은 이중섭은 얼른 돈을 벌어서 가족들을 우리나라로 데려 오기 위해 열심히 그림을 그렸습니다.
　어느 날 이중섭은 담뱃갑 속에 들어있는 은종이를 구겨서 못으로 벌거벗은 사람들을 그렸습니다. 〈봄의 어린이〉라는 그림입니다. 그 그림에는 가족에 대한 그리움과 거짓과 꾸밈이 없는 맑은 세상을 담았습니다.
　전쟁이 끝나고 이중섭은 서울과 대구에서 개인전을 열었습니다. 사람들은 그림을 좋아하며 많이 사갔지만, 그림 값을 제대로 주지 않았습니다. 전쟁이 끝난 뒤라 형편이 어려웠기 때문입니다. 가족을 데려 올 수 없게 된 이중섭은 크게 실망하였고, 결국 병을 얻어 쓸쓸히 세상을 떠났습니다.

〈이중섭 거리 - 제주 서귀포〉

탐구하기

1. 이중섭이 황소 그림과 〈봄의 어린이〉에 담았던 생각은 무엇일까요?

그때 사람들은

우리나라에 들어온 서양 미술

 청나라에 있던 소현세자가 가져온 〈천주상〉 그림은 우리나라 사람들이 처음 본 서양화였습니다. 그 뒤 청나라에서 서양 책이 들어오면서 서양화를 더 많이 볼 수 있었습니다. 사람들은 밝고 어두운 부분을 다르게 색칠하여 입체감을 주고 진짜처럼 느끼도록 그린 서양화가 신기하였습니다. 그래서 화가들은 있는 그대로 그려야 하는 인물화에 서양화법을 쓰기도 하였습니다. 하지만 천주교 박해가 시작되면서 차츰 서양화법도 사라졌습니다.

 서양문명을 받아들인 개화기부터 서양화가 널리 알려지게 되었습니다. 우리나라에 서양화를 알린 사람은 영국 화가 새비지 랜도어입니다. 서울풍경을 똑같이 그린 그림을 본 고종 황제는 우리나라 그림과 완전히 다른 서양 그림을 좋아했습니다. 고종 황제는 새비지 랜도어에게 자기 초상화를 그리게 하였습니다.

 우리나라 사람 가운데 첫 서양화가는 고희동입니다. 어려서부터 전통 그림을 배운 고희동은 프랑스 화가가 그림을 그리는 것을 보고 서양 그림을 그리고 싶었습니다. 고희동은 1909년 서양그림을 배우기 위해 일본으로 유학을 갔습니다. 김관호, 나혜석 등도 서양화를 배우러 일본으로 갔습니다.

 하지만 우리나라 사람들은 서양화를 좋은 그림으로 여기지 않았습니다. 고희동 아버지는 닭똥칠을 하는 이상한 그림을 그린다며 못마땅해 하였으며, 이젤이 엿판 같다며 이젤을 들고 다니는 고희동을 보고 사람들은 엿장수라고 놀렸습니다. 고희동은 집에 화실을 열어 서양화를 가르치기도 하였습니다. 그러나 아무도 자기 그림을 알아주지 않는 것에 실망하여 다시 우리 전통그림을 그리는 화가가 되었습니다.

 김관호는 강가에서 목욕을 끝내고 벌거벗은 채 서 있는 두 여자 뒷모습을 그린 〈해질녘〉으로 일본에서 미술학교 수석 졸업생이 되었고, 유명한 그림대회에서 상도 받았습니다. 우리나라 신문들은 앞 다투어 이 소식을 전했지만, 사람들은 신문에 그림 대신 '전람회에 진열된 김 군의 그림 사진이 동경에서 도착했으나 여인이 벌거벗은 그림이어서 싣지 못함.'이라는 짤막한 사과문만 볼 수 있었습니다. 서양에서는 사람 몸을 아름답게 여겨서 옷을 입지 않은 그림을 많이 그렸지만, 우리나라에서는 벌거벗은 여자 그림은 보는 것조차도 안 된다고 생각했기 때문입니다.

 일제는 3·1만세운동이 일어나자 문화통치를 한다며 그림 대회도 많이 열었습니다. 조선미술전람회(선전)는 화가들이 작품을 세상에 알릴 수 있는 길이 되어 서양화가 널리 알려지게 되었습니다. 선전에서 일본인 심사위원들은 우리나라 풍경을 많이 그리도록 권했습니다. 그래서 선전에 그림을 내려는 화가들은 일본그림을 흉내 내서 평화롭고 아름답게만 그렸습니다.

 그러나 오지호는 우리나라 농촌을 평화롭고 아름답게만 그리지 않고 힘들게 살아가는 모습과 우리 자연을 있는 그대로 표현하였습니다. 자연 속에서 반짝이는 깨끗하고 투명한 빛을 살려서 농촌 풍경을 그렸습니다.(작품, 남향집)

 또 이중섭이 그린〈노을 앞에서 울부짖는 소〉는 붉은 노을을 배경으로 울부짖는 황소를 강렬한 붉은색과 거친 붓질로 마치 소가 살아서 꿈틀대는 것처럼 표현하였습니다. 이중섭은 소 그림을 통해서 강한 우리 민족을 표현하였습니다.

 광복과 한국전쟁을 겪으면서 화가들은 우리나라 전통과 살기 힘든 시대 모습을 그림에 담았습니다. 화가들은 생활속에서 흔히 볼 수 있는 옛날 물건에서 아름다움을 찾았습니다. 김환기는 도자기를 무척 좋아하였습니다. 조선시대 그림에서 흔히 볼 수 있는 산이나 강, 학, 매화들과 도자기에 담긴 아름다움을 찾아내 표현하였습니다. 색깔을 단순하게 쓰면서도 아름다운 우리 멋을 잘 표현하였습니다.

 유학을 가지 않고 홀로 그림을 배운 박수근은 전쟁과 가난을 그림으로 표현했습니다. 박수근은 일하는 아낙과 할 일없이 앉아 있는 노인이나, 아이들처럼 힘없는 사람들과 마른 나무나 도시 변두리 풍경을 즐겨 그렸습니다. 전쟁이 끝나고 가족을 먹여 살려야 했던 어머니 모습을 잘 표현하기 위해 돌 느낌이 나는 바탕으로 만들어 그렸습니다.

탐구하기

1. 광복과 한국전쟁을 겪은 화가들은 어떤 그림을 그렸나요?

요즘 사람들은

화랑은 화가들이 그린 그림을 전시하고, 그림을 사고 파는 곳입니다. 이중섭을 세상에 알리고, 공공미술관에 미술품을 기증한 어느 화랑주인을 통해 문화 기부에 대해 생각해 봅시다.

문화를 기부하는 화랑

현대화랑 박명자 사장은 우리나라에서 처음으로 현대미술 작품을 파는 화랑을 열었습니다. 화랑도 알리고 또 이중섭 그림을 널리 알리기 위해서 〈이중섭 작품전〉을 열려고 하였습니다.

그런데 이중섭 그림을 구할 수가 없었습니다. 이중섭이 서귀포, 통영, 부산 등 여기저기를 떠돌며 그림을 그렸고, 가족들마저도 일본에 살고 있어 이중섭 그림이 전국에 흩어져 있었기 때문입니다.

〈이중섭 미술관 - 제주 서귀포〉

그래서 신문에 광고를 내서 이중섭 그림 100점을 모았습니다. 그리고 유명한 사진작가에게 부탁해 이중섭 그림들을 사진으로 찍어서 작품집도 만들었습니다. 입장료 100원을 받고, 그림을 팔지 않는 전시회를 열었습니다. 열흘 동안 열린 전시회는 많은 사람들로 붐볐습니다.

전시회에서 많은 돈을 번 박명자 사장은 좋은 일에 쓰기로 마음먹었습니다. 이중섭 그림인 〈부부〉를 사서 국립현대미술관에 기증하였습니다. 또 서귀포에 문을 연 이중섭 미술관에 그림이 별로 없다는 것을 알고 그림을 기증하기로 마음먹었습니다. 이중섭을 비롯하여 훌륭한 화가들이 그린 그림 54점을 모아서 2003년에 기증하였습니다. 또 2004년에는 우리나라 현대 미술을 대표하는 화가인 박수근 그림 〈굴비〉를 비롯한 유명 화가 작품들을 박수근 미술관에 기증하였습니다.

박명자 사장은 그림을 사고 파는 일을 하지만, 훌륭한 작품을 많은 사람들이 함께 볼 수 있도록 공공미술관에 기증하여 '문화기부'라는 아름다운 문화를 만들었습니다.

생각하기

1. 내가 할 수 있는 기부는 무엇이 있을까요?

109

노동자가 인간답게 사는
세상을 꿈꾼 전태일
(1948년~1970년, 노동운동가)

역사 연대기

1953년 근로기준법을 만듦.
1962년 '1차 경제개발 5개년계획'이 시작됨.
1970년 새마을운동이 시작됨.

학습목표

1. 전태일이 노동운동을 한 까닭을 알 수 있다.
2. 빠른 산업화가 가져온 문제점을 알 수 있다.
3. 노사분규에 대해 알 수 있다.

같이 읽으면 좋을 책

전태일 (사계절 출판사)

인물 이야기

아름다운 청년, 전태일

한국전쟁으로 온 나라가 살기 어려워져서 아버지가 하는 일마다 망하는 바람에 전태일은 어릴 때부터 고생만하며 자랐습니다.

전태일은 열여섯 살이 되어 서울 평화시장에 있는 옷 만드는 공장에서 일하게 되었습니다. 공장에는 옷감을 정해진 모양대로 자르는 '재단사'와 자른 옷감을 재봉틀로 박아 옷을 만드는 '재봉사'가 있었습니다. 심부름을 하며 일을 배우는 견습공으로 들어간 전태일은 기술이 점점 늘어 재봉사가 되었습니다.

아침 8시 30분에 출근해서 밤 11시까지 하루 평균 14~15시간 동안 일을 했습니다. 일거리가 밀리기라도 하는 날에는 밤을 새기 일쑤고, 어떤 날은 사흘 밤낮으로 일하기도 했습니다. 게다가 사장들은 재봉틀을 한 대라도 더 들여놓으려고 작업장에 2층 다락방까지 만들었습니다. 높이 1.5미터 정도 밖에 안 되는 작업장에서 일어서지도 못한 채 일하다가 낮 1시 점심시간이 되어서야 겨우 허리를 폈습니다. 그러나 그렇게 쉬는 것도 잠시 뿐이고, 점심을 그 자리에서 빨리 먹고 다시 밤 11시까지 일을 했습니다. 재봉사들 가운데는 손가락 끝에 지문이 닳아 없어진 사람도 많았습니다. 너무 일을 많이 했기 때문입니다.

견습공은 대부분 열두세 살 정도 된 어린 여자 아이들이 많았는데, 여공이라고 불렀습니다. 비좁고 어둡고 먼지가 가득한 곳에서 하루 종일 고개를 숙이고 앉아서 열여섯 시간 이상을 일하는 여공들을 볼 때마다 전태일은 가슴이 무척 아팠습니다. 차비를 털어 여공들에게 풀빵을 사 먹이고 자신은 집까지 걸어가곤 했습니다. 어머니는 안쓰러운 마음에,

"아무리 여공들이 불쌍해도 그렇지. 차비까지 털어 빵을 사주면 넌 어떡하니?"

라며 늘 걱정을 하였습니다.

그러던 어느 날 같이 일하던 여공이 새빨간 핏덩어리를 토하며 쓰러지는 것을 보았습니다. 전태일은 그 여공을 급히 병원으로 데리고 갔습니다. 그 여공은 병에 걸렸다는 이유로 회사에서 쫓겨났습니다. 전태일은 더 이상은 참을 수가 없었습니다. '죽어가는 여공들을 내가 살리고 말겠다. 피도 눈물도 없는 노동 조건을 바꾸고 말겠다.'고 결심하였습니다.

　그때부터 전태일은 여공들을 먼저 퇴근시키고 나머지 일을 자신이 했습니다.
　"재단사가 왜 견습공 일을 도와 줘? 자꾸 그러면 그것들 버릇만 나빠져."
　화가 난 사장이 전태일을 해고했지만, 전태일은 좋은 기술이 있었기 때문에 금방 다른 공장에 취직을 했습니다. 그 무렵 아버지로부터 노동자들 권리를 지켜주는 법이 있다는 것과 노동자들이 스스로를 지킬 수 있는 '노동조합'을 만들 수 있다는 이야기를 들었습니다. 근로기준법에는 일주일에 48시간만 일하도록 되어 있지만, 평화시장 노동자들은 늘 그보다 두 배나 많은 98시간 넘게 일했습니다. 전태일은 그것을 모르고 살아온 자신이 바보처럼 느껴졌습니다.
　전태일은 재단사들을 모아 '바보회'를 만들고, 근로기준법을 같이 공부하였습니다. 그러나 근로기준법 책은 대부분 한자로 쓰여 있어서 너무 어려웠습니다.
　"대학생 친구가 한 명만 있으면 얼마나 좋을까? 책을 쉽게 풀어달라고 할 텐데."
　전태일은 늘 아쉬워했습니다.
　바보회 친구들과 설문지를 만들어 노동환경을 조사했으나, 공장 사장들 방해로 설문지는 30장 밖에 거두지 못했습니다. 그 30장을 들고 노동자들이 나쁜 대접을 받지 않도록 감독하는 '근로감독관'을 만나러 시청에 갔습니다. 그러나 근로감독관은 말을 들어주기는 커녕 내쫓았습니다.
　노동자들을 위해 일한다는 소문이 퍼지자 전태일은 또다시 해고를 당했습니다. 평화시장에서는 어느 곳에서도 취직할 수 없어서 전태일은 막노동을 하였습니다. 막노동을 시작한 지 3개월 만에 다시 평화시장으로 돌아갔습니다. 바보회 친구들을 모아 새로 출발하자고 다짐하며 '삼동회'를 만들었습니다. 삼동회 친구들은 노동자들 삶을 알리기 위해 여러 방송국과 신문사를 찾아가서 알렸습니다. 그러나 아무도 관심을 보이지 않았습니다. 아무 도움도 받지 못했습니다.
　전태일은 목숨을 바쳐서라도 노동자들이 고통 받는 것을 세상에 알려야겠다고 결심하였습니다. 삼동회가 평화시장 앞에 모여서 집회를 시작하려고 할 때 전태일은 온 몸에 기름을 끼얹고,
　"우리는 기계가 아니다. 근로기준법을 지켜라."
고 외치며 자기 몸에 불을 질렀습니다. '내 죽음을 헛되이 말라.'라는 말을 남기고 스물세 살 전태일은 숨을 거두었습니다.

탐구하기

1. 전태일이 자기 몸에 불을 지른 까닭은 무엇인가요?

그때 사람들은

고된 노동에 시달리는 사람들

 한국전쟁으로 우리나라는 폐허가 되었습니다. 곳곳에 전염병이 퍼지고 농토는 엉망이 되어 식량도 턱없이 부족했습니다. 빠른 속도로 인구가 늘어나면서 식량부족은 점점 심해졌습니다. 농민들도 무척 가난하였습니다.

 농촌을 잘 살게 하려고 도로를 새로 닦고, 지푸라기로 만든 초가지붕을 걷어내고 슬레이트나 함석으로 바꾸며, 쌀 수확량을 늘리려는 '새마을운동'이 시작되었습니다. 식량부족 문제는 조금씩 해결되기 시작했으나 나라는 여전히 가난했습니다.

 도시를 살리고 어려운 국가 경제상황을 해결하려면 수출을 늘리는 길 밖에 없다고 생각한 정부는 1962년부터 경제개발 5개년 계획을 시작했습니다. 경제개발계획으로 경제는 발전했지만, 노동자는 사용자 밑에서 고통 받는 삶을 살게 되었습니다. 공장에서 일하는 사람들을 '노동자'라고 하고, 공장 사장을 '사용자'라고 합니다. 노동자와 사용자 사이에 생기는 문제를 '노사문제'라고 하는데 산업이 발전하면서 노사문제도 더욱 많이 일어났습니다.

 정부는 산업을 발전시켜 경제발전을 이루려면 모든 산업을 국가가 계획하고 이끌어 가는 것이 낫다고 여겼습니다. 그런데 그때는 우리나라가 외국에 수출하는 물건들이 외국에서 잘 팔리지 않았습니다. 왜냐하면 우리나라가 기술이 많이 발달하지 않아서 물건을 잘 만들지 못했기 때문입니다. 우리나라가 만든 물건이 외국에서 잘 팔리게 하려면 기술을 키워야하지만, 기술은 하루아침에 좋아지는 게 아니었습니다. 기술로는 외국 상품과 경쟁할 수 없어서 가격으로 경쟁을 하려고 싼값에 수출하기 시작했습니다. 싼값에 수출하려고 노동자들이 일한 대가로 받는 임금을 많이 낮추게 했습니다. 또 노동자들이 적은 임금으로도 농산물을 살 수 있도록 농산물 가격도 낮췄습니다.

 결국 도시에 사는 공장 노동자들은 낮은 임금을 받고 오랜 시간을 일하는 고통을 겪고, 농촌에 사는 농민들은 농산물 가격이 너무 낮아 열심히 농사를 지어도 살림살이가 나아지지 않았습니다. 농산물 가격이 계속 떨어져 살기가 힘들어진 농민들은 도시로 몰리기 시작했습니다.

 도시로 온 농민들은 공장에서 일하게 되었습니다. 공장에서 일할 사람들이 넘쳐나자 사용자는 낮은 임금으로 노동자들을 쓰고, 남자 어른에 비해서 임금이 싼 여자와 나이 어린 노동자들을 더 많이 썼습니다. 이들은 하루 13~16시간씩 좁고 먼지로 가득하며 햇빛조차도 들지 않는 곳에서 일했습니다.

 산업화와 함께 노동자들은 점점 병들어 갔습니다. 노동자들에게 줄 임금을 정하고 일주일 동안 일하는 시간 등을 정해 놓아 노동자들을 지키기 위해 1953년에 만든 '근로기준법'이 있긴 했으나, 이것을 지키는 사용자는 없었습니다. 정부에서는 알고도 모른척했습니다. 왜냐하면 힘 있는 회사를 키워야 나라가 발전한다고 생각했기 때문입니다. 정부는 경제를 발전시키기 위해서 농민과 노동자들이 당하는 고통은 당연하다고 생각했습니다.

 참다못한 전태일과 노동자들이 사용자에게 항의를 하고 근로감독관을 만나고 방송국에 가서 근로기준법에 어긋나는 노동 현실을 알렸습니다.

 전태일이 죽은 지 사흘 뒤부터 서울대학교 학생들, 이화여자대학교 학생들이 한 끼도 먹지 않고 정부에 항의하는 '단식농성'을 벌이거나 '전태일 추도식'을 열었습니다. 전태일 죽음을 헛되이 하지 않아야겠다고 생각한 학생들과 많은 시민들, 노동자들이 단결하여 일어섰습니다. 인간으로서 누릴 권리를 빼앗겼던 노동자들은 사용자와 국가를 상대로 오랫동안 싸운 끝에 더 나은 조건에서 일하고 좀 더 정당한 임금을 받게 되었습니다.

> **탐구하기**

1. 전태일이 죽은 뒤 학생들과 많은 시민들, 노동자들이 단결하여 일어선 까닭은 무엇인가요?

요즘 사람들은

전태일이 목숨 바쳐 노동자들을 구하려고 했지만, 아직도 고통 받는 노동자들이 많습니다. 지금도 일어나고 있는 노동운동에 대해서 생각해 봅시다.

노사분규

　수요일은 일주일 가운데서 토요일 빼고 가장 일찍 끝나는 날이다. '오늘은 엄마가 약속이 있어서 집에 아무도 없으니까 빨리 가서 게임도 하고 텔레비전도 실컷 보고 신나게 놀아야지!' 생각을 하며 집으로 왔다.
　현관문을 열고 집에 들어가려다가 깜짝 놀랐다. 오후 1시 30분인데 아빠가 거실에서 텔레비전을 보고 있었다.
　"어! 아, 아빠! 왜 집에 계세요?"
　"아, 오늘은 일이 일찍 끝나서 일찍 집에 왔어."
　라면서 한숨을 길게 내 쉬었다.
　그런데 그 다음날에는 아빠가 아예 출근을 안 했다. 궁금해서 엄마한테 물어봤더니,
　"아빠 회사가 지금 파업 중이야. 그래서 며칠동안 회사에 안 가실 거야."
　엄마한테 파업이 뭐냐고 물었지만, 그런 게 있다고만 했다.
　그 날 저녁에 아빠가 파업에 대해 자세히 설명해 주셨다. 회사에서 '노사분규'가 일어났는데, 노사분규라는 것은 노동자와 회사 사이에 서로 의견이나 주장이 맞지 않아서 서로 다투게 되는 것이라고 했다. 그 다툼을 해결하기 위하여 노동자들이 일을 하지 않는 것을 파업이라고 했다.
　전에는 회사가 정한대로 월급을 받고, 회사가 시키는 대로 일하라면 하고, 쉬라면 쉬고, 그만두라면 아무 말도 못하고 그만두었지만, 전태일이 죽은 뒤에 퍼진 노동운동으로 노동자들도 회사에 원하는 것을 해달라고 요구하게 되었다고 한다. 노동자들이 열심히 일하여 회사가 많은 이익을 남기면 월급을 더 달라고도 요구하고, 너무 일을 많이 시키면 휴가를 더 달라고도 요구하게 되었다고 한다. 노동자들이 이런 요구를 하기 전에 사용자가 먼저 월급을 올려주면 좋은데 아직은 그런 회사들이 많지 않다고 한다. 그래서 노동운동을 하고 노사분규를 일으켜 노동자들이 자기 권리를 찾는 것이라고 한다.

생각하기

1. 노동자들이 노사분규를 일으키는 까닭은 무엇인가요?

110 나라와 국민을 위한 기업을 만든 기업인 유일한
(1895년~1971년, 기업가)

역사 연대표

1945년 광복을 맞음
1950년 한국전쟁이 일어남

학습목표

1. 유일한에 대하여 알 수 있다.
2. 주식회사에 대하여 알 수 있다.
3. 기업 활동이 가지는 장점과 단점에 대하여 알 수 있다.

같이 읽으면 좋을 책

유일한 이야기(웅진주니어)

인물 이야기

사회와 나라를 위해 기업을 운영한 유일한

평양에서 장사를 하던 유일한 아버지는 미국인 선교사 도움을 받아 아홉 살 밖에 안 된 유일한을 미국으로 보냈습니다. 영어를 모르는 유일한은 학교에 들어가서도 서툰 영어 때문에 친구들에게 놀림 받고, 수업도 제대로 알아듣지 못하였습니다. 그러나 열심히 공부하여 차차 영어가 늘었습니다. 학교에서 돌아오면 집안일뿐만 아니라 동네일도 도왔습니다. 또 신문배달을 해서 용돈 스스로 벌어 쓰는 유일한을 모두 대견스러워 했습니다.

고등학교에 간 유일한은 좋아하는 운동도 하면서 장학금을 받으며 공부할 수 있는 미식축구 선수가 되기로 결심하였습니다. 감독선생님이 처음에는 덩치가 작은 유일한을 보고 퇴짜를 놓았지만, 의지가 강하고 몸도 재빠른 유일한을 미식축구부에 들어오게 하였습니다. 유일한은 열심히 공부를 하면서도 미식축구 대회에서 최우수 선수로 뽑힐 정도로 운동도 열심히 하였습니다.

고등학교를 졸업하고 대학을 준비하던 유일한은 북간도에서 장사를 하며 독립자금을 대고 있던 아버지로부터 집안 살림이 어려워졌으니 돌아와서 도우라는 편지를 받았습니다. '고생하는 부모님을 생각하면 돌아가야 하겠지만, 아직은 공부를 더 해야 해.'라고 생각한 유일한은 은행에서 돈을 빌려 가족에게 보내고 대학 공부를 계속 하였습니다.

유일한은 대학을 졸업하자 숙주나물을 병에 담아 파는 사업을 시작하였습니다. 녹두를 콩나물처럼 기른 숙주나물은 만두에 들어가는 재료인데 중국 사람들뿐만 아니라 미국 사람들도 즐겨먹는 것이었습니다. 사람들은 깨끗한 병에 담긴 숙주나물을 좋아하여 사업은 점점 커졌습니다. 유일한은 친구인 웰레스와 '라초이식품회사'를 세우고 숙주통조림을 만들어 온 미국에 팔아서 많은 돈을 벌었습니다.

미국에서 큰 부자가 되었지만, 유일한은 늘 조국을 잊지 않았기 때문에 우리나라로 돌아왔습니다. 그때 우리나라 사람들은 치료할 약이 없어서 피부병이나 전염병으로 고통 받고 있었습니다. 유일한은 '유한양행'이라는 회사를 차렸습니다. 약도 만들어 팔았습니다. 늦은 밤이나 교통이 불편해도 아랑곳 않고 약을 보내주어 제때 치료를 받을 수 있도록 해 주었습니다.

또 품질이 좋은 약을 싼값에 팔고, 신문에 약을 광고할 때에는 어떤 병에 쓰이며, 어떻게 사용하는지를 꼼꼼히 알려주었습니다.

　사회를 위해서 일하는 회사를 만들고 싶었던 유일한은 '기업은 사장 개인 것이 아니고 사회와 종업원 것이다.'라며 유한양행을 주식회사로 만들었습니다. 유일한은 가지고 있던 주식을 회사에서 일하고 있는 사람들에게 나누어주고, 또 주식을 발행하여 회사에 다니지 않는 사람들도 주주로 받아들여 회사 주인이 되게 하였습니다. 유한양행은 유일한 개인 회사에서 종업원들과 주식을 가진 많은 사람들 회사가 된 것입니다.

　태평양전쟁이 일어나자 유럽에 출장을 갔던 유일한은 귀국하지 못하고 미국에 머물렀습니다. 전쟁이 계속되자 유일한은 미국전략정보부(OSS)에 들어가 한국과 일본에 대한 정보를 분석하는 일을 하였습니다. 로스앤젤레스에 살고 있는 동포들을 모아서 맹호군을 만들고, 아들 또래인 젊은 청년들과 함께 군사훈련을 받았습니다. 맹호군은 광복군과 함께 우리나라로 들어가 일본군을 몰아내고 나라를 되찾을 계획을 세웠습니다. 우리 힘으로 독립을 해야 다른 나라 간섭에서 벗어날 수 있다며 맹호군은 열심히 훈련을 받았습니다. 준비를 마치고 명령을 기다리던 유일한은 일본이 항복해 버리자 우리 스스로 광복을 이루지 못한 것에 무척 실망하였습니다.

　광복이 되자 미국에서 귀국한 이승만이 같이 나라 일을 하자고 찾아왔습니다. 미국 힘을 빌려서 대통령이 되려는 이승만이 못마땅했던 유일한은,
"저는 정치에는 뜻이 없습니다. 기업을 운영하여 국민들에게 봉사하고 싶습니다."
라며 거절하였습니다.

　유일한은 세금도 정직하게 냈습니다. 가난한 사람도 세금을 내고 있는데 기업은 더 정직하게 내야 나라가 발전한다고 생각하였습니다. 학교를 세워 학생들에게 기술을 가르치고, 장학금을 주며 공부를 시켰습니다. 장학재단을 만들어 형편이 어려운 학생들이 공부할 수 있도록 도왔습니다. 평생 동안 사회를 위해 일한 유일한은 회사와 재산을 가족에게 물려주지 않고 사회에 돌려준다는 유언을 남겼습니다.

탐구하기

1. 유일한은 회사를 운영해서 번 돈을 어떻게 썼나요?

그때 사람들은

주식을 가지고 있으면 누구나 주인이 되는 주식회사

　회사를 경영할 때는 많은 돈이 필요합니다. 공장을 새로 짓거나 새로운 곳에 투자를 할 때처럼 많은 돈이 필요한 경우에 회사는 주식을 발행하여 사람들에게 팔아서 돈을 마련합니다. 이런 회사를 '주식회사'라고 합니다.

　'주식'은 돈을 투자한 사람들에게 나누어주는 증서입니다. 돈을 주고 주식을 산 사람을 '주주'라고 합니다. 주주들은 가지고 있는 주식 수에 따라 회사 경영에 대한 권리와 책임을 가집니다. 회사가 물건을 만들거나 팔아서 이익을 남겼을 경우 주주들은 주식 수에 따라 이익을 공평하게 나누어 가집니다. 이것을 '배당'이라고 합니다. 반대로 회사가 손해를 보았을 때는 주주들도 공평하게 손실을 나누게 됩니다.

　경영이 잘 되는 회사 주식은 배당을 많이 받으니 이익이 되고 주식 가치도 올라갑니다. 그러나 회사가 경영을 잘못하여 수익이 별로 없으면 배당도 받지 못하고 오히려 주식 가치도 떨어지니 이래저래 손해를 보게 됩니다. 그래서 가치가 높은 주식은 사려는 사람이 많아집니다. 가지고 있기만 하면 이익이 저절로 생기기 때문입니다.

　주주들이 모여서 회사 경영에 대해 의논하는 회의를 주주총회라고 합니다. 이 주주총회에서 주주들은 회사를 경영할 사람을 뽑습니다. 가지고 있는 주식 수만큼 투표권이 있기 때문에 주식을 많이 가진 사람이 권한도 많습니다. 그래서 주식을 가장 많이 가지고 있는 대주주가 사장이 되어 회사를 경영하기도 합니다. 그러나 사장이 회사를 잘못 경영하여 회사가 어려울 때는 전문 경영인에게 회사를 맡길 것을 주주총회에서 결정하기도 합니다.

　주식은 마음대로 사고 팔 수 있습니다. 사람들이 자유롭게 사고팔기 때문에 주식 가격인 주가는 하루에도 여러 번 달라집니다. 주가는 발행한 회사가 가진 가치에 따라 달라집니다. 회사를 잘 경영하여 자산이 많아지면 주식 가치가 오르지만, 그렇지 못하면 가치가 떨어집니다. 그래서 사람들은 경영을 잘하는 회사 주식을 사려고 합니다. 주식을 사려는 사람이 많으면 주가는 올라가고, 사려는 사람보다 팔려는 사람이 더 많으면 주식 가격은 떨어집니다.

　주식을 사고파는 곳은 증권거래소입니다. 증권거래소는 증권시장을 열고 관리하는 일을 합니다. 증권거래소는 주식에 투자하려는 사람들에게 통장을 만들어 주식을 사고파는 일을 대신해 주는 증권회사들이 모여서 만든 시장입니다. 하지만 모든 회사들이 다 증권거래소에서 주식을 사고 팔 수는 없습니다. 증권거래소에서 정한 기준을 갖춘 회사만이 주식을 사고 팔 수 있는데 이를 상장기업이라고 합니다. 증권거래소는 상장된 기업들이 어떻게 경영하고 있고 어떤 변화가 있는지를 사람들에게 알려주어 사람들이 자산이 안전한 기업에 투자할 수 있도록 도와줍니다.

　종합 주가지수는 증권거래소에 등록되어 있는 모든 상장 기업들 주가가 얼마나 오르고 내렸는지를 알려 주는 수치입니다.

탐구하기

1. 주식회사에서 회사 주인은 누구인가요?

2. 주식을 사고파는 시장을 무엇이라고 하나요?

요즘 사람들은

공장이 많아지면 사람들은 돈도 벌 수 있고, 생활도 편리해 집니다. 그러나 상품을 만들기 위해 자원을 소비하고, 환경을 오염시키게 됩니다. 그래서 자원이 낭비되는 것을 막고 환경을 깨끗이 가꾸기 위해 쓰던 물건을 다시 사용하며, 그래서 생긴 수익금으로 어려운 이웃을 돕는 아름다운 가게에 대해 알아봅시다.

나눔을 실천하는 아름다운 가게

아침을 먹은 건우와 엄마는 외출준비를 서둘렀습니다. 오늘은 아름다운 가게에 가기로 한 날입니다. 아름다운 가게는 집에서 잘 쓰지 않는 물건들을 깨끗이 손질하여 필요한 사람들에게 싼값으로 판매하는 곳입니다. 어제 건우와 엄마는 키가 부쩍 자라서 건우가 입지 않는 옷과 싫증나서 가지고 놀지 않는 장난감, 유치원 다닐 때 읽던 그림책들을 모아서 상자에 담았습니다. 이것들은 초등학생이 된 건우에게 필요 없어졌지만 아름다운 가게에 가져가면 누군가에게 꼭 필요한 물건이 될 것입니다.

이미 사용한 물건이라도 필요한 사람이 다시 쓰면 자원을 낭비하지 않아 환경오염을 줄일 수 있고 싼 값에 살 수 있으니 일석이조하고 엄마가 말해주셨습니다. 건우는 쓰던 물건을 가져다주고 겨울 점퍼도 하나 살 계획입니다.

엄마와 집에서 가져온 상자를 들고 가게에 들어가니 어떤 중학생 형이 뛰어와 들어주었습니다.

"어휴 이렇게 무거운 상자를 들고 왔어."

라며 상자를 들어 주었습니다. 친절한 형이 그곳에서 일하는 사람인줄 알았는데 봉사하러 왔다고 하였습니다. 아름다운 가게는 형처럼 많은 사람들이 봉사하러 나와서 가게 일을 도와줍니다. 사람들에게 기부 받은 물건을 팔고 봉사자들이 일을 하여 생긴 수익금으로 어려운 이웃을 위해 쓰고 있다고 했습니다. 우리나라뿐만 아니라 아프리카나 베트남에 있는 어려운 사람들도 도와주고 있습니다.

엄마는 건우에게 겨울 점퍼를 하나 사주었습니다. 점퍼는 새것처럼 깨끗하고 값도 싸서 마음에 쏙 들었습니다. 건우는 옷을 사면서 어려운 이웃도 도울 수 있으니 새로 산 점퍼가 더 멋져 보였습니다. 엄마는 예쁜 가방을 하나 골랐습니다. 엄마가 고른 가방은 낡아서 입지 않는 청바지를 잘라 만든 것이라고 합니다. 아름다운 가게에서는 버리는 물건이 없습니다. 낡아서 쓸 수 없게 된 물건도 버리기 전에 한 번 더 생각하여 새로운 물건으로 변신하여 쓸 수 있도록 만듭니다.

건우는 회사가 물건을 만들어 파는 것도 중요하지만, 나에게는 쓸모가 없어진 물건이라도 필요한 사람이 다시 쓰면 돈을 아끼는 일뿐만 아니라 자원을 아껴 지구를 아름답게 가꾸는 일인 것을 알았습니다.

탐구하기

1. 사람들이 아름다운 가게보다 백화점에서 물건을 더 많이 사는 까닭이 무엇인지 생각해 보세요.

111 민주주의를 외친
장준하와 조영래

(장준하-1918년~1975년, 독립운동가, 언론인
/조영래-1947년~1990년, 인권변호사)

사진제공-장준하 기념사업회

조영래

역사 연대기

1945년 일제강점기에서 해방이 됨
1950년 한국전쟁이 일어남
1961년 5.16군사쿠데타가 일어남
1970년 전태일이 분신을 함

학습목표

1. 장준하가 독재에 맞서 싸운 과정을 알 수 있다.
2. 조영래가 인권변호사로 한 일을 알 수 있다.
3. 독재에 맞서 우리 힘으로 찾아온 민주주의 과정을 알 수 있다.
4. 변화한 시위 형태에 대해 알 수 있다.

같이 읽으면 좋을 책

장준하(웅진씽크하우스), 인권변호사 조영래(사계절)

인물 이야기

지식을 행동으로 보여준 장준하

장준하는 일본신학교에서 공부를 하다가 일본군에 끌려가 만주에서 독립군을 잡는 일본 관동군이 되었습니다. 장준하는 '독립운동은 못할망정 도리어 독립군을 잡다니.'라고 탄식을 하며 일본군에 끌려온 우리나라 사람들에게,

"우리가 못나서 나라를 빼앗겼으니 우리 후손들은 못난 조상 때문에 고생하지 않게 해야 합니다."

라는 말을 자주하였습니다. 그리고 얼마 지나지 않아 장준하는 일본 군대를 탈출하였습니다. 험한 산을 넘고 굶주림을 참으며 6천 리 길을 걸어서 충칭에 있는 대한민국임시정부를 찾아갔습니다. 장준하는 스스로 나라를 되찾기 위해 대한민국 임시정부가 만든 광복군 장교가 되어 열심히 군사훈련을 하였습니다.

해방이 되자 장준하는 김구와 함께 우리나라로 돌아왔습니다. 그런데 나라가 남과 북으로 갈라지고 전쟁까지 하는 것을 보고는 민족정신을 새롭게 가다듬어야한다고 생각했습니다.

그래서 〈사상계〉라는 잡지를 만들었습니다. 장준하는 〈사상계〉를 통하여 우리 민족이 잘 되는 일보다는 권력을 잡는 것에만 정신이 팔린 이승만 정권과 친일파들을 비판하였습니다.

'4·19 민주화 혁명'이 일어나 민주주의가 다시 서게 되자 장준하는 우리나라도 이제 올바른 나라가 될 것이라고 기뻐하였습니다. 그러나 얼마 지나지 않아 박정희가 정변을 일으켜 권력을 잡았습니다. 박정희는 자기를 비판하거나 반대하는 사람들을 감옥에 가두고 괴롭혔습니다.

박정희가 많은 잘못을 저질러도 신문이나 방송들은 무서워서 아무도 잘못을 말하지 못하였습니다. 하지만 장준하는 〈사상계〉에 박정희가 잘못하는 일들을 서슴없이 비판하였습니다. 사람들은 이런 장준하를 '행동하는 지식인'이라고 불렀습니다. 박정희는 〈사상계〉를 만들지 못하도록 했지만, 장준하는 끝내 뜻을 굽히지 않았습니다.

박정희는 일본에서 얼마 되지도 않는 돈을 얻어오려고 일제강점기에 우리나라 사람들을 괴롭히고 죽인 것을 모두 용서한다고 하였습니다.

장준하는 민족을 팔아먹는 짓이라며 반대시위를 이끌다 감옥에도 갔습니다. 박정희 정권에 줄기차게 맞서 싸웠습니다. 장준하는 언론을 통해 민주화운동을 한 사람에게 주는 '막사이사이 언론상'을 받기도 하였습니다.

세상을 바꾼 인권 변호사 조영래

조영래는 천재라고 할 만큼 공부를 잘 하는 학생이었지만, 공부만 잘 하는 학생은 아니었습니다. 고등학교 3학년 때 조영래는 박정희 정부가 돈을 얻어오려고 일본과 회담을 하려 하자 학생들을 설득해서 '한일회담 반대 시위'를 벌였습니다. 학교에서는 시위에 앞장선 조영래에게 학생이 학교 규칙을 어겼을 때 학교에 오지 못하게 하는 정학을 시켰습니다.

조영래는 고등학교 때부터 학비를 벌기 위해 가정교사를 하며 학교를 다녔는데도 서울대학교 법학과에 1등으로 입학을 하였습니다. 서울대학교에 다니면서도 독재정권에 맞서 싸웠습니다. 사법고시에 합격하였지만, 박정희 정권이 거짓으로 꾸며낸 '서울대생 내란음모 사건'으로 구속이 되어 1년 반 동안 옥살이를 했습니다. 감옥에서 나온 후에도 '민청학련 사건'으로 6년 동안이나 경찰을 피해 도망 다니며 살았습니다. 이때 분신자살을 한 노동자 전태일 이야기를 듣고 〈어느 청년 노동자의 삶과 죽음〉이라는 제목으로 책을 썼습니다.

박정희가 죽은 뒤 조영래는 '시민공익법률사무소'를 차리고 변호사 일을 시작하였습니다. 여성 문제, 사회 문제, 복지 문제, 환경 문제, 노동 문제 등 힘 없고 가난한 사람들을 위해 변호를 맡았습니다. 조영래가 맡은 사건들은 다른 변호사들이 이길 수 없다고 포기한 사건들이었습니다. 하지만 조영래는 연탄 공장 옆에 살다가 탄가루 때문에 병에 걸린 사람들, 교통사고로 직장을 잃게 된 사람들이 보상 받을 수 있게 하였습니다.

또 노동자들이 힘을 모으는 것을 두려워해서 노동조합 간부들을 잡아가둔 사건, 경찰서에서 조사를 받다가 괴롭힘을 당한 사건, 홍수로 피해를 입은 망원동 사건 등은 나라를 상대로 싸워서 이긴 것들입니다.

탐구하기

1. 장준하가 만든 종합 교양 잡지는 무엇인가요?

2. 조영래는 어떤 생각으로 변호를 맡았나요?

그때 사람들은

4·19혁명에서 6월 민주항쟁까지

1945년 8월 15일에 우리나라가 일본으로부터 해방이 되었지만, 권력은 친일파들이 그대로 쥐고 있었습니다. 일본에게 항복을 받아낸 미국과 소련은 일본 식민지였던 우리나라를 자기 말을 잘 듣는 나라로 만들려고 했습니다. 그래서 38선을 긋고 남과 북으로 나누었습니다. 남쪽은 미국, 북쪽은 소련이 맡아서 다스리는 신탁통치를 하였습니다. 남한에서 미국은 편하게만 다스리려고 도망친 친일파들을 다시 찾아내 나라를 다스리는 자리에 앉혔습니다.

남과 북으로 갈라진 우리나라는 해방된 지 3년이 지나서야 남쪽과 북쪽에서 따로 따로 선거를 하여 대통령을 뽑았습니다. 남쪽에서는 1948년 5월 10일, 이승만이 우리나라 첫 대통령에 당선되었습니다.

5월 10일에 선거를 앞두고 제주도에서 '미군은 철수하라, 나라 망치는 단독선거 반대한다.'며 남한만 선거를 하는 것에 반대하는 운동이 일어났습니다. 이것이 제주 4·3항쟁입니다. 대통령에 당선된 이승만은 공산당을 뿌리 뽑겠다며 제주도에 군대와 경찰을 보냈습니다. 이때 죄없는 사람들이 군인과 경찰 손에 많이 죽었고, 많은 마을들이 불에 타 없어졌습니다.

이승만은 12년 동안이나 대통령을 하였는데 국민을 무시하고 자기 마음대로 나라를 다스리는 독재정치를 했습니다. 1960년 3월 15일, 4대 대통령 선거를 할 때 이승만은 부정선거를 하여 당선이 되었습니다. 국민들은 부정선거에 항의하는 시위를 벌였습니다. 마산에서 시작된 시위는 4월 19일 서울에서도 일어났는데 고등학생, 대학생, 시민 약 10만 명이 모였습니다. 이승만이 있는 경무대로 밀려드는 사람들을 경찰이 총을 쏘며 막았지만, 피를 흘리고 죽어가면서도 시위는 멈추지 않았습니다. 결국 이승만은 대통령에서 물러났습니다. 이것이 4·19혁명입니다.

4·19혁명으로 독재정치를 무너뜨렸으나 겨우 1년 뒤인 1961년 5월 16일에 박정희가 정변을 일으켜 또다시 독재정치가 시작되었습니다. 박정희는 18년 동안이나 독재정치를 하였습니다. 대통령은 국민이 직접 뽑지도 못하게 하고 또 죽을 때까지 대통령을 할 수 있는 유신헌법을 만들었습니다. 이것을 비판하는 사람들은 감옥에 가두고 간첩죄를 뒤집어씌워 죽이기도 하였습니다.

　1979년 10월 26일, 박정희는 부하인 김재규가 쏜 총에 맞아 죽었습니다. 독재에 반대해서 민주화운동을 했던 사람들은 이제야 제대로 된 세상이 올 것이라고 기대했습니다. 그러나 민주주의는 쉽게 오지 않았습니다. 그해 12월 12일, 전두환을 비롯한 군인들이 또 반란을 일으켰습니다. 국민들이 하고 싶은 말도, 하고 싶은 일도 자유롭게 하지 못하게 하는 독재정권이 또다시 세워졌습니다.

　전국에서 많은 사람들이 민주주의를 외치며 시위를 벌였습니다. 1980년 5월, 전라도 광주에서도 시위가 벌어졌습니다. 전두환은 북한에서 보낸 간첩이 광주 시민들을 부추겨 폭동을 일으킨 것이라며 군인들을 보내서 시위를 막으려고 했습니다. 많은 광주 시민들이 군인들과 맞서 9일 동안이나 싸웠습니다. 하지만 군인들을 당해낼 수는 없었습니다. 군인들이 쏜 총에 맞아 많은 사람들이 죽거나 다쳤습니다. 흔적도 없이 사라져버린 사람들도 많았습니다. 이것이 5.18광주민주화운동입니다.

　그래도 시위는 멈추지 않았습니다. 많은 사람들이 독재에 맞서 싸우다 감옥에 갇히고 고문을 당해 죽기도 하였습니다. 드디어 1987년 6월 10일, 국민들은 더 이상 독재를 참을 수 없다며 거리로 쏟아져 나왔습니다. 대학생뿐만 아니라 일반 시민들도 한 목소리로,
"독재 정권 물러가라!"
를 외쳤습니다. 서울시청광장과 종로거리를 비롯한 전국에서 날마다 많은 사람들이 모여 시위를 벌였습니다. 전두환은 군인들을 앞세워 최루탄을 쏘고 몽둥이로 때렸지만, 민주주의를 외치는 국민들을 막을 수 없었습니다.

　6월 29일 전두환 독재정권은 국민이 직접 대통령을 뽑을 수 있도록 선거제도를 바꾸겠다며 항복선언을 하였습니다.

　이렇게 오랜 시간 동안 국민들이 독재정치와 맞서 싸워 드디어 민주주의를 이루어내게 된 것입니다.

탐구하기

1. 4·19혁명이 일어난 까닭은 무엇인가요?

요즘 사람들은

예전에 집회를 할 때는 경찰과 시민들이 서로 폭력을 쓰기도 했지만, 요즘에는 촛불을 들고 평화로운 방법으로 집회를 합니다. 많은 사람들이 촛불을 들고 평화롭게 집회를 하는 것에 대해 생각해 봅시다.

촛불 집회를 벌여요.

촛불 집회는 국민들이 광장 등에서 촛불을 들고 모여 자신들 생각을 알리는 것입니다. 주로 저녁에 모이는데 폭력을 쓰지 않는 평화적인 시위입니다. 어둠을 밝히는 촛불처럼 잘못된 제도와 사회를 바꾸기 위해 평범한 사람들이 모여서 한뜻으로 환히 밝히는 것입니다. 그곳에는 수십 명이 모이기도 하고 수만 명이 모이기도 합니다. 초등학생부터 직장인 등 참여하는 사람들이 다양합니다.

2002년 6월, 미군 장갑차에 여중생인 미선이와 효순이가 깔려 죽는 사고가 일어났습니다. 그 사고를 일으킨 미군을 제대로 처벌하지 못하자 그것에 항의하며 죽은 여중생을 추모하는 뜻으로 많은 사람들이 촛불집회를 벌였습니다.

2008년에는 광우병 위험이 있는 미국 소를 수입하는 것에 반대하여 촛불집회를 벌였습니다. 이때에도 많은 사람들이 참여하였습니다. 그 가운데에는 부모님과 함께 나온 초등학생, 중고등학생들도 많았습니다.

사람들이 많이 모이자 새로운 광장 문화가 생겨났습니다. 모인 사람들과 뜻을 같이 한 가수들이 나와서 노래를 부르는 등 다양한 공연이 펼쳐지기도 합니다. 촛불 집회 현장을 바로바로 중계해주는 사람들이 생겨났고 집회에 참여하지 못한 사람들이 인터넷이 연결된 곳이라면 어느 곳에서든지 그 상황을 볼 수 있게 되었습니다. 촛불집회는 한 가지 사회 현상에 대해 많은 사람들이 함께 뜻을 모으는 문화가 된 것입니다.

생각하기

1. 사람들은 왜 촛불을 들고 모일까요?

전 재산을 팔아 문화재를 지킨 **전형필**

(1906년~1962년, 문화재 수집가·교육자)

역사 연대기

1910년 한일병합조약이 맺어짐
1919년 3·1만세운동이 일어남
1950년 한국전쟁이 일어남

학습목표

1. 전형필이 문화재를 지킨 과정을 알 수 있다.
2. 문화재에 이름을 붙이는 순서를 알 수 있다.
3. 개인 박물관에 대해 알 수 있다.

같이 읽으면 좋을 책

간송 선생님이 다시 찾은 우리 문화유산 이야기(샘터사)

인물 이야기

문화재 지킴이 전형필

전형필은 서울 종로에 있는 큰 부잣집에서 태어났습니다. 전형필이 열두 살이 되던 해부터 집안 어른들이 차례로 죽고 얼마 지나지 않아 집안에 남아있는 남자는 전형필 한 명뿐이었습니다. 그래서 집안 재산 모두를 물려받았습니다. 10만석을 거둘 수 있는 부자가 된 것입니다.

일본에서 공부를 할 때 전형필은 옛날 책을 파는 책방에서 책을 사 모으는 것을 좋아했습니다. 그러던 어느 날 책방에서 일본 학생이, '식민지 사람인 조선인이 그런 책을 가지고 있어보았자 무슨 소용이냐'며 비웃었습니다. 그 말을 들은 전형필은 나라 잃은 설움을 알게 되었습니다. 그때부터 전형필은 공부만 잘하는 것보다 나라를 위해 사는 것이 더 중요하다는 것을 깨닫게 되었습니다.

그러다가 3·1만세운동 때 민족대표 33인이었던 오세창을 만나게 되었습니다. 오세창은 서예가이면서 훌륭한 문화재와 예술작품을 잘 알아보는 사람이었습니다. 오세창은 전형필에게 우리 문화재를 지키는 일이 중요하다는 것을 일깨워주었습니다.

그때 우리나라 사람들은 김홍도나 장승업이 그린 그림 가치를 알아보지 못하고 벽에 도배하는 종이로 써 버리거나 청화백자 같은 귀한 도자기를 개나 고양이 밥그릇으로 써버리기도 하였습니다. 일본은 우리 문화재를 마음대로 일본으로 가져갔고, 돈 많은 일본 사람들은 우리 문화재를 닥치는 대로 사들이고 있었습니다. 출세를 하기 위해서 우리나라 보물들을 높은 일본 사람들한테 뇌물로 바치는 일도 많았습니다.

'그래, 내가 일본인수집가들에게 맞서서 우리 문화재를 지켜내겠어.'

전형필은 오세창을 비롯해 우리나라에서 처음으로 서양화가가 된 고희동에게 글씨와 그림, 옛날 책에 담긴 가치를 알아보는 법을 배웠습니다. 처음엔 이름이 알려진 사람이 그린 그림이나 쓴 책을 모으기 시작하다가 점점 고려나 조선시대 도자기, 불교 조각품 같은 것들도 모았습니다.

우리 문화재를 좀 더 쉽게 구하기 위해 인사동에 '한남서림'이라는 가게를 열었습니다. 사는 사람과 파는 사람 사이에서 소개를 해주는 사람들이 '한남서림'으로 많은 문화재를 가지고 왔습니다. 전형필이 작품 가치에 따라 값을 잘 치러주었기 때문입니다.

 어떤 일본사람이 '청자상감운학문매병'을 가지고 있다는 말을 들은 전형필은 직접 찾아 갔습니다. 그 사람은 식민지 백성인 주제에 살 수 있겠냐 싶어서 장난삼아,
 "2만 원을 주면 팔겠소."
라고 했습니다. 소개해 주었던 사람도 깜짝 놀랐습니다. 그때 서울에서 기와집 한 채가 천 원 정도, 쌀 한 가마니가 16 원하던 시절이었기 때문입니다. 한참을 생각한 전형필은 그렇게 하겠다고 하였습니다. 그 일본사람은 깜짝 놀라 입을 다물지 못했습니다. 우리나라에 남아있는 3대 상감청자인 국보 제 68호 '청자상감운학문매병'이 이렇게 전형필 손에 들어오게 되었습니다.
 어느 날 안동에서 ≪훈민정음≫ 원본이 천 원에 나왔다는 말을 들은 전형필은 천 원을 소개하는 사람에게 수고비로 주고, 열 배나 되는 만 원을 주고 샀습니다. 우리 문화재가 제 값을 받아야한다고 생각했기 때문입니다. 전형필 덕분에 국보 제 70호인 ≪훈민정음≫이 우리나라에 남아 있을 수 있게 된 것입니다. 전형필은 우리 겨레 얼을 없애려는 일본에 ≪훈민정음≫을 빼앗길까 봐 해방이 될 때까지 몰래 감추어 두었습니다.
 일본에 있던 영국 변호사 존 개츠비는 전형필이 우리 문화재를 사들이는 것에 감동을 받아 영국으로 돌아가면서 가지고 있던 '청자상감유죽연로원앙문정병(국보66호)'과 '청자기린유개향로(국보65호)'를 비롯한 도자기들을 전형필에게 팔았습니다.
 전형필이 품은 깊은 뜻을 알지 못한 사람들은 문화유산을 지키려는 것을 보고, '금싸라기 땅을 팔아 하찮은 사기그릇이나 사들이는 바보'라고 손가락질도 했습니다.
 전형필이 이렇게 애써 모아 두었던 문화재들은 한국전쟁이 나서 피란을 가고 오는 사이에 많이 잃어버렸습니다. 전쟁이 끝나고 인사동에서 전형필은 잃어버린 문화재들을 많이 보았습니다. 하지만 자기 것이라는 증거가 없었으므로 다시 돈을 주고 사야 했습니다.
 전형필은 '보화각'을 지어 수집한 문화재를 보관하였습니다. 전형필이 죽었을 때는 10만 석을 거두던 땅은 하나도 없고 보화각에 많은 문화재만 남아있었습니다. 보화각은 나중에 간송미술관이 되었습니다.

탐구하기

1. 전형필이 우리 문화재를 지키겠다고 결심한 까닭은 무엇인가요?

그때 사람들은

문화재에는 어떻게 이름을 붙일까요?

박물관에 가면 문화재 밑에 붙어있는 이름을 보고도 무슨 뜻인지 모르는 경우가 많습니다. 불상도 다 같은 부처님 같은데 이름이 여러 가지입니다. 도자기도 마찬가지입니다. 어떤 도자기는 이름이 열 글자가 넘는 경우도 있습니다.

불상은 불상이 발견된 곳이나 특징, 만든 재료, 부처나 보살 이름, 자세 순서로 이름이 정해집니다.

첫 번째는 불상이 어디에 있던 것인가를 나타냅니다. 두 번째는 불상을 만든 재료입니다. 보통 재료로는 '금', 구리에 금을 입힌 '금동', 푸른빛 나는 구리인 '청동', '돌(석조)', '철(철조)', '나무(목조)', '바위(마애)' 등입니다. 불상을 만들 때 조각조각 붙이는 소조 방식으로 만드는 불상은 흔치 않기 때문에 특별히 '부석사 소조아미타여래좌상'처럼 그 방식을 밝혀두기도 합니다. 세 번째는 불상에 새겨진 인물입니다. 많이 알려진 불상 주인공은 '석가모니불', '아미타불', '미륵불', '비로자나불', '약사불' 등입니다. 네 번째는 불상이 어떤 자세인지를 표시합니다. 서 있는 것은 '입상', 앉아 있는 것은 '좌상', 누워 있는 것은 '와상'이라고 합니다. 불상 가운데 한쪽 다리만 꼬고 앉은 경우도 있는데, 이것을 반만 가부좌를 틀었다고 하여 '반가상'이라고 합니다. 그 밖에 불상에 특징이 있으면 그것을 이름에 넣습니다. 생각하는 모습을 표현한 불상은 '사유상'이라고 붙입니다.

중앙박물관에 있는 국보 제78호인 '금동미륵보살반가사유상'은 '금동으로 만든 미륵보살인데 한 쪽 다리는 꼬고 앉아 있고 생각하는 모습을 하고 있다'는 뜻입니다. '서산마애삼존불상'은 '충청남도 서산에 있는 것으로 바위에 새긴 3명 부처님 상'이라는 뜻입니다. 중앙박물관에 있는 '연가 7년명 금동불입상'은 '금동으로 만든 서 있는 부처로 연가 7년이라는 글씨가 새겨져 있다'는 뜻입니다.

〈금동미륵보살반가사유상〉

재료 : 금동
불상 : 미륵보살
반가 : 가부좌를 반만 틀고 있는 모습
사유 : 생각하는 모습

도자기는 도자기 종류, 무늬를 새긴 방법, 무늬, 모양, 쓰임새를 이어서 이름을 붙입니다.

첫 번째 도자기 종류에는 푸른 빛깔 도자기는 '청자', 하얀 빛깔 도자기는 '백자', 청자에 하얀색을 발라 구워낸 것은 '분청사기'라고 합니다. 분청사기는 회청색 또는 회황색입니다. 금속 그릇은 '청동', 쇠그릇은 '철제'라고 합니다. 두 번째 무늬를 새긴 방법에서 상감기법은 금속, 도자기, 목재 등에 여러 가지 무늬를 새긴 다음 그 자리에 다른 재료를 박아 넣는 기법입니다. 양각은 글자나 그림 등이 도드라지게 새기는 방법이고, 음각은 평평한 면에 글자나 그림 등을 안으로 들어가게 새기는 방법입니다. 투각은 구멍을 뚫는 방법이며 박지는 무늬를 제외한 부분을 긁어내는 것, 철화는 산화철을 이용하여 그림을 그리는 방법입니다. 금속 그릇에는 금이나 은으로 선을 넣는 금입사, 은입사가 있습니다. 세 번째로 도자기 표면에 새긴 무늬를 나타내는 것은, 보통 '~문'으로 표현합니다. 무늬에 표현된 꽃, 나무, 동물 같은 것을 따서 이름을 붙입니다. 연화문(연꽃), 당초문(덩굴풀), 모란문(모란꽃), 매죽문(매실나무와 대나무), 운학문(구름과 학)등이 있습니다. 또 도자기에 무늬 대신 연도나 시, 글자를 새긴 것이 있는데, 그 구절 가운데 일부를 이용하여 '~명'이라고 이름을 붙입니다. 네 번째 그릇 모양은 보통 '~형'이라고 하는데 특별히 형태를 구분할 필요가 없으면 넣지 않습니다. 표형(표주박 모양), 과형(오이 모양), 귀형(거북 모양), 인형(사람 모양) 등이 있습니다. 다섯 번째 용도에 따른 그릇 종류를 나눌 때는 병, 매병, 대접, 항아리라고 합니다.

'청자상감운학문매병'이라는 도자기는 청자에 상감기법으로 구름(운)과 학을 새긴 입구가 좁은 병이라는 뜻입니다. '청자상감보상당초문대접'이라는 도자기는 청자에 상감기법으로 보상당초라는 식물무늬를 새긴 대접이라는 뜻입니다. 또 '분청박지모란문병'은 분청사기에 박지기법으로 모란무늬를 새긴 병이라는 뜻입니다.

〈청자상감보상당초문대접〉

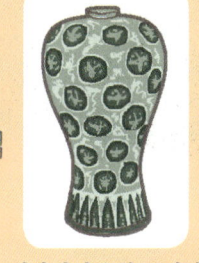
〈청자상감운학문매병〉

1. 청자 : 푸른빛 도자기
2. 상감 : 무늬를 새겨 다른 재료로 박아넣는 방법
3. 운학문 : 구름과 학 무늬
4. 매병 : 입이 좁은 병

탐구하기

1. '분청사기철화연화문병'은 어떤 도자기인가요?

요즘 사람들은

전형필이 우리 문화유산을 지키고 알리기 위해 개인 미술관인 '보화각'을 세운 것처럼 요즘에도 자기가 수집한 물건들을 보여주기 위해 미술관이나 박물관을 만드는 사람들이 많습니다. 개인이 만든 박물관에 대해 알아봅시다.

개인 박물관을 소개해요.

중남미박물관은 30여 년 동안 중남미나라들에서 외교관으로 근무했던 이복형 씨가 만든 박물관 겸 미술관입니다. 처음에는 호기심으로 중남미지역 특산품이나 기념품 같은 것들을 하나 둘 모으기 시작하여 점점 종류와 수가 많아져서 사람들이 구경 올 정도가 되었습니다. 토기, 석기, 목기, 가면들과 종교예술품들이 전시되어 있고, 건물 밖에는 조각공원 등이 있습니다.

삼청동 부엉이박물관은 배명희 씨가 취미로 모아온 부엉이 공예품들을 모아 열었습니다. 예쁜 것 모으기를 좋아했는데 부엉이가 지혜와 부를 상징하는 새이고, 환경에도 도움을 준다는 것을 알고부터는 부엉이가 더욱 좋아져서 2천 점이나 되는 부엉이 공예품을 모으게 되었다고 합니다.

호림박물관은 우리나라 개인 박물관 가운데 가장 큽니다. 윤장섭 씨가 30여 년 동안 모아온 도자기와 책 같은 유물 1만여 점이 있는데 이 가운데 44점이 국가문화재로 지정(국보 8점, 보물 36점)되어 있습니다.

이 밖에도 안동하회탈박물관, 한국영상박물관, 자수박물관, 티베트박물관, 독도박물관, 단국대 석주산기념관 등 많은 박물관이 있습니다.

중남미박물관

부엉이박물관

세중옛돌박물관

생각하기

1. 자기가 애써 모은 것들을 사람들에게 보여주는 까닭은 무엇일까요?

113

통일 꽃을 피운 문익환
(1918년~1994년. 통일운동가)

사진 제공-사단법인 통일맞이

역사 연대기

1975년 장준하가 죽음
1989년 임수경이 평양세계청년학생축전에 참가함

학습목표

1. 문익환에 대해서 알 수 있다.
2. 통일운동에 대해서 알 수 있다.
3. 남북이 자유롭게 오고 가는 것에 대해서 생각할 수 있다.

같이 읽으면 좋을 책

통일할아버지 문익환(사계절)

인물 이야기

통일 꽃을 피운 문익환

서른 살에 목사가 된 문익환은 교수가 되어 성경을 학생들에게 가르쳤습니다. 하느님이 준 가르침을 전하면 세상이 편안해진다고 믿고는 열심히 목사로 활동하였습니다.

그런데 어느 날 민주주의 운동을 하던 친구인 장준하가 죽었다는 소식을 들었습니다. 집에서 병들어 죽은 것이 아니라 절벽에서 떨어졌는데 누군가에게 죽임을 당한 것이었습니다.

거기에다 죄 없는 사람들을 북한에서 명령을 받아 나라를 뒤엎으려 했다면서 잡아들여 고문하고 사형시키는 것을 보고는 더 이상 참을 수가 없었습니다. 하느님 가르침을 세상에 전하는 것만으로는 사람들을 편하게 할 수 없다는 것을 깨달았습니다.

사진 제공-사단법인 통일맞이

문익환은 자기 호를 늦봄이라고 지었습니다. 쉰여덟 살이라는 늦은 나이에 민주주의운동을 시작한다는 뜻입니다.

문익환은 박정희가 정해준 사람이 아니면 아무도 정치를 할 수 없다고 정한 '긴급조치'에 반대하여,

"국민들 자유를 억누르는 긴급조치를 없애고 민주주의를 국민에게 돌려 달라."

는 선언문을 명동성당에서 읽고 촛불을 든 '3·1구국선언'을 하였습니다.

박정희는 '3·1구국선언'에 참여한 사람들을 잡아 가두었습니다. 문익환도 이때 처음으로 22개월 동안 옥살이를 하였습니다. 옥에서 나온지 얼마 지나지도 않았는데 유신헌법을 비판하여 다시 옥에 갇혔습니다. 박정희가 죽고 전두환이 반란으로 권력을 잡자 이를 반대하여 또 31개월이나 옥살이를 하였습니다.

문익환은 대학생, 노동자, 농민, 민주주의 운동을 하다가 옥살이를 하는 사람, 철거민 같은 약한 사람들이 힘센 자나 독재와 맞서 싸우는 곳이면 어디든지 달려갔습니다. 아무리 힘들어도 함께 싸우고 함께 눈물 흘렸습니다. 이런 문익환을 보고 둘레 사람뿐만 아니라 문익환을 감시하는 경찰이나 감옥을 지키는 간수까지도 존경하는 마음이 우러러 나와 머리를 숙였습니다.

여섯 번에 걸친 감옥생활을 모두 합치면 11년 2개월이나 되었지만, 뜻을 꺾지 않았습니다.

 드디어 대통령을 국민이 직접 뽑는 민주주의가 이루어졌습니다. 그러나 그 동안 너무도 많은 사람들이 감옥에 가야 했고, 목숨을 잃었습니다. 문익환은 더 이상 사람들이 억울하게 죽지 않으려면 통일이 되어야 한다고 믿었습니다. 하지만 정부는 북한과 대화는커녕 오고 갈 수도 없도록 막았습니다.
 하지만 문익환은 전국민족민주운동연합을 대표하여 북한 조국평화통일위원회로부터 초청을 받아 직접 북한으로 갔습니다. 김일성을 만나 이렇게 말했습니다.
 "분단 50년을 넘기는 것은 부끄러운 민족이 되는 것입니다. 해방 50주년을 통일하는 해로 만듭시다."
 문익환은 김일성과 통일을 이루기로 약속하고 돌아왔습니다. 하지만 북한에 몰래 가서 북한을 칭찬하고 왔다는 죄로 붙잡혀 들어갔습니다. 재판장에서 왜 북한을 칭찬했냐고 묻자,
 "만날 서로 욕하고 그러면서 통일이 되겠어? 상대방에게서 서로 좋은 점을 자꾸 찾아내 칭찬해야 통일이 되지. 우리가 얼마나 못났으면 남들이 들어와 자기들 마음대로 그어놓은 휴전선을 지우지 못하고 백만 명이 넘는 군대가 남북에서 서로 총을 겨누고 있느냐고? 그 부끄러운 일을 없애기 위해서 다녀왔는데 그것이 무슨 잘못이야?"
라고 당당하게 대답하였습니다.
 문익환은 남과 북이 서로 작은 것부터 이해하고, 칭찬하고, 오고 가면서 하나하나 통일을 이루자고 하였습니다. 그러면 남북만이 아니라 우리끼리 서로 갈라서 있는 마음들도 없어질 것이라고 하였습니다.
 북한에 갔다 온 죄로 또 옥살이를 한 문익환은 전국을 돌며
 "통일은 다 됐어! 통일은 다 됐어요."
라고 사람들에게 희망을 심어주었습니다. 우리가 스스로 통일하려는 노력을 하지 않으면 또다시 외국 사람들이 몰려와 우리를 마음대로 하려고 들 테니 온 겨레가 나서자며 통일 운동에 앞장섰습니다.

탐구하기

1. 문익환 목사가 북한에 간 까닭은 무엇인가요?

그때 사람들은

부자 나라가 되려면 통일을 해야 한다.

텔레비전에서 남북이산가족만남을 한다는 뉴스가 나왔습니다. 그것을 본 아빠는,
"헤어진 지 60년이 넘었는데도 만나는 것이 참 어렵구나. 통일이 얼른 되어야 할 텐데."
라며 안타까워했습니다.
"아빠, 통일되면 우리가 손해잖아요. 그런데 왜 자꾸 통일을 하자고 해요?"
옆에서 듣고 있던 민정이가 물었습니다.
"어떤 사람들은 통일이 되면 북한이 못사니까 북한에 길도 닦아주어야 하고 공장도 세워주어야 하고, 학교도 지어 주어야 하기 때문에 남한 사람들이 돈을 많이 써야 한다고 생각해. 그래서 통일하면 우리만 손해라고 여기는 것 같아."
민정이도 그렇게 생각하고 있었기 때문에 아빠 말에 고개를 끄덕였습니다.
"그게 바로 통일 비용이라고 하는 것인데, 물론 돈이 많이 들긴 할 거야. 독일도 통일하고 나서 동독 쪽을 발전시키느라 원래 부자 나라였던 서독이 힘들어진 적도 있다고 하니까 말이야."
우리나라도 그렇게 되면 어떡할까 해서 민정이는 덜컥 겁이 났습니다.
"하지만 말이야, 우리나라는 분단유지비용이라는 것을 너무 많이 쓴단다."
"분단유지비용이 뭐에요? 되게 어려운 말이다."
민정이는 분단유지비용이라는 말에 고개를 갸웃했습니다.
"분단을 유지하는 비용이란다. 서로 나누어진 채로 사는 데 들어가는 돈을 말하는 거야."
통일을 안 하는 데도 돈이 든다는 게 얼른 이해가 되지 않았습니다.
그래서 아빠랑 분단유지비용을 계산해 보기로 했습니다.
"군인 한 사람이 먹는 데 들어가는 얼마나 될까? 우선 하루에 한사람이 먹는데 들어가는 돈을 5천원만 계산해보자. 일 년이 365일이니까 5천원 곱하기 365하면 1,825,000원이 나오지? 남한 군인이 60만 명이라고 하니까 1,825,000원에 60만을 곱하면 1조9백5십억 원이야."

분단으로 사람이 오고 갈수 없는 비무장지대-강원 철원

어마어마한 숫자에 놀란 민정이 눈이 휘둥그레졌습니다.

"너무 많아서 도대체 얼마나 되는 건지도 감이 안 와요."

"그런데 말이야 거기에서 그치는 게 아니야. 거기에다 2를 곱해야지."

"2는 왜요?"

"북한도 있잖아. 양쪽에서 1년에 2조가 넘는 돈을 먹는 데만 써버리는 거야. 북한은 군인이 더 많으니까 양쪽을 합치면 2조가 넘을 거야."

너무 많아서 그런지 민정이는 2조가 얼마나 큰돈인지 얼른 이해가 가지 않았습니다.

"서울에서 인천국제공항으로 가는 고속도로가 1조 7천억 원에 건설되었다고 하니까 통일이 되면 양쪽 군인들이 먹는 밥값으로만 1년에 그런 고속도로를 하나씩 만들고도 남을 돈을 아낄 수 있는 거지. 그것만 있는 게 아니라 입는 옷이랑 사는 집이랑 무기를 사야하는 것까지 합치면 몇 배가 넘을 거야."

양쪽에서 군인들이 먹는 데 쓰는 돈만도 엄청나다는 것을 알게 된 민정이는 아빠가 왜 통일이 되어야 하는지를 조금은 알 것 같았습니다.

"분단되어 있으니까 나라 밖에서도 쓸데없는 돈을 써야 해. 남북이 한 나라인데도 두 나라로 갈라져 있으니까 외국에 대사관도 두 개여야 해. 그것도 돈을 낭비하는 거잖아. 그런데 그것보다 더 큰 손해는 우리나라가 전쟁을 쉬고 있는 휴전 상태이기 때문에 다른 나라 사람들이 우리나라에 공장을 짓거나 물건을 만드는 데 돈을 내려고 하지 않는다는 거야. 전쟁이 다시 시작되면 부서져 버릴지도 모른다고 겁을 내기 때문이야. 쓸데없는 돈을 쓰는 것도 손해고 돈을 벌 수 있는 길이 막혀버리는 것도 손해고. 손해가 이만저만이 아니지?"

아빠 말을 들은 민정이는 통일되어야 하는 까닭이 이산가족 만나는 것 말고도 너무나도 많다는 것을 알게 되었습니다.

탐구하기

1. 우리나라가 두 나라로 갈라져 있느라 들어가는 비용을 무엇이라고 하나요?

요즘 사람들은

우리나라가 아직 통일이 된 것은 아니지만, 통일된 것처럼 오고가기도 하는 것에 대해서 알아봅시다.

통일은 안 되었지만 서로 오고 가요.

2007년 5월 17일에 남북한으로 갈려 있던 철길이 이어졌습니다. 1950년에 한국전쟁이 나고 38선 북쪽으로 밀고 올라갔던 국군과 유엔군이 중국군에게 밀려 내려오면서부터 끊어진 철도가 다시 이어진 것입니다.

남한 땅과 북한 땅을 오고 가던 철길은 서울과 신의주를 잇는 경의선과 서울과 원산을 잇는 경원선, 그리고 속초에서 원산으로 가는 동해선이 있었는데 이번에 이어진 것은 경의선과 동해선입니다. 동해선은 휴전선에서만 먼저 이어지고 나머지를 빨리 다시 만들어서 머잖아 북한 땅으로 기차가 달리게 할 것입니다. 경의선은 기찻길을 따라 서울에서 개성공단까지 날마다 기차가 물건과 사람을 싣고 오고 갈 것이라고 합니다. 남과 북을 오고 가는 철길이 드디어 다시 열린 것입니다.

도로는 기찻길보다 더 먼저 열렸습니다. 사람들은 차를 타고 금강산으로도 가고 개성으로도 갑니다. 남한 사람들이 북한 땅으로 구경을 가는 것입니다. 처음이니까 버스를 타고 갔지만, 머잖아 자기 차를 직접 운전해서 가게 될 것이라고 합니다.

남과 북을 사람이나 차만 오고 가는 게 아닙니다. 북한에서 만든 물건이 남으로 오기도 하고 남한에서 물건이 북한으로 가기도 합니다. 북한 개성공단에서 만든 옷이나 그릇이나 가전제품이 남한에서 팔리기도 합니다.

지금은 비록 둘로 갈라져 있지만, 이렇게 서로 오고가기 시작하면 점점 많은 사람들이 남과 북을 오고 가게 되고, 서로 자유롭게 오고 갈 수 있게 되면 통일을 하지 않아도 통일된 것처럼 될 것입니다.

꼭 한 나라로 합쳐지지 않아도 한 나라나 마찬가지로 살 게 될 것입니다. 그게 바로 통일입니다.

생각하기

1. 남과 북이 서로 자유롭게 오고 가기 위해서 남한과 북한사람들은 서로 어떤 노력을 해야 할까요?

11 민주주의와 통일을 노래한 음악가, 윤이상
(1917년~1995년, 음악가)

사진제공-윤이상 평화재단

역사 연대기

1960년 4.19혁명이 일어남
1972년 10월 유신헌법을 선포함
1980년 5.18 민주화운동이 일어남
1985년 남북 이산가족이 처음으로 만남

학습목표

1. 윤이상에 대해 알 수 있다.
2. 반공에 대해 알 수 있다.
3. 통일을 위해 어떤 노력을 해야 하는지 생각할 수 있다.

같이 읽으면 좋을 책

윤이상 (도서출판 산하)

 인물 이야기

음악가도 이 세상에 살고 있는 사람입니다.

경상남도 통영에 있는 작은 바닷가 마을에서 태어나서 자란 윤이상은 어릴 때부터 소리를 좋아했습니다. 파도 소리, 어부들이 일하며 부르는 노래 소리에 가만히 귀를 기울이곤 했습니다.

'아, 세상에는 고운 소리가 너무나 많구나.'

윤이상은 친구들과 어울려 노는 것보다 아름다운 소리를 듣는 것이 더 즐거웠습니다. 동네에 유랑 극단이 와서 판소리 공연을 할 때면 가장 먼저 달려가 공연을 보다가 밤늦게 집으로 돌아오기도 했습니다.

동네 서당에서 한문을 배우며 공부하던 윤이상은 여덟 살이 되던 해 소학교에 들어갔습니다. 윤이상은 학교 수업 가운데 음악 시간을 가장 좋아했습니다. 음악 시간에 노래도 배우고 악보 보는 방법도 배웠습니다. 윤이상은 처음 보는 곡이라도 악보만 보면 정확히 부를 수 있을 정도로 음악에 뛰어났습니다. 오르간이나 기타, 바이올린 같은 악기도 쉽게 배워서 연주하였습니다. 스스로 곡을 만들기도 했습니다. 음악에 깊이 빠져든 윤이상은 음악 학교에 들어가 공부를 더 하고 싶었습니다.

하지만 아버지는 윤이상이 음악 공부하는 것을 반대했습니다. 음악 하는 사람을 광대라고 하며 몹시 천하게 여겼기 때문입니다. 집안 장손인 아들이 열심히 공부해서 높은 관직에 나가서 출세하기를 바랐습니다. 아버지가 아무리 화를 내고 야단쳐도 윤이상은 음악을 그만두지 않았습니다.

윤이상은 열여덟 살에 일본으로 건너가서 오사카음악학교에 들어갔습니다. 첼로 연주와 작곡을 배웠습니다. 그러나 태평양전쟁이 일어나자 하던 공부를 그만두고 우리나라로 다시 돌아왔습니다. 우리나라 사람들을 괴롭히는 일본에 맞서기 위해 윤이상은 비밀리에 독립운동단체를 만들었습니다. 이것이 알려져 감옥에 갇히기도 했습니다.

윤이상은 우리나라에서 작곡가로 이름이 알려지기 시작했지만, 부족한 게 많다며 마흔 살 늦은 나이에 프랑스로 유학을 갔습니다. 일 년 뒤에는 독일로 건너가 공부를 하며 직접 작곡한 곡들을 발표하였습니다. 점점 유럽에서도 이름이 널리 알려지게 되었습니다.

그러던 어느 날, 동베를린에 있는 북한대사관으로부터 초청을 받았습니다. 남한과 북한 구분 없이 모두 우리나라라고 생각했던 윤이상은 북한에 가보고 싶었습니다. 또 늘 궁금했던 고구려 사신도를 직접 보고 싶었습니다. 윤이상은 아내와 함께 북한에 다녀왔습니다.

윤이상이 북한에서 돌아오자 체포되어 우리나라로 끌려왔습니다. 그때 우리나라는 남한과 북한 사이에 관계가 무척 나빴기 때문에 북한에 다녀 온 일은 아주 큰 잘못이었습니다. 윤이상은 간첩으로 몰려 심한 고문을 받았습니다. 죽을 때까지 감옥에서 살아야 하는 무기 징역을 선고 받았습니다. 이 일은 '동백림 사건'이란 이름으로 세상에 크게 알려지게 되었습니다.

윤이상을 무척 아꼈던 여러 나라 사람들이 윤이상이 풀려 날 수 있도록 많은 도움을 주었습니다. 2년 만에 풀려나 다시 독일로 갔습니다.

예술에는 어떤 목적도 있어서는 안 된다며 음악을 아름답게만 만들던 윤이상은 동백림 사건을 겪으면서 마음속에 커다란 변화가 생겼습니다. 세상일에 깊이 관심을 가지게 된 것입니다.

"음악가도 이 세상에 살고 있는 사람이니, 잘못된 일들을 보면 바로 잡아야 할 책임이 있다."

라며 윤이상은 독재 권력에 맞선 사람들을 위한 음악을 만들었습니다. 〈광주여 영원히〉는 광주민주화운동에서 죽은 사람들을 위로하는 음악이고, 〈화염속의 천사〉는 민주화운동을 하다가 희생된 사람들을 기리는 음악입니다.

윤이상은 아무 잘못도 없는 자신이 옥살이까지 했던 것은 남북이 나뉘어져 있기 때문이라는 것을 깨달았습니다. 하루빨리 남북통일을 바라는 마음을 담아서 통일음악회를 열기 위해 노력했습니다. 드디어 평양에서 통일 음악회가 열렸고, 남한과 북한 음악가들은 〈조국은 하나다〉를 연주하며 한마음이 되었습니다.

통일 조국이 아니라면 그 어디라도 가지 않겠다던 윤이상은 결국 남한으로도 북한으로도 돌아오지 못하고 독일 땅에서 숨을 거두었습니다.

탐구하기

1. 윤이상은 왜 감옥에 갇히고 무기징역을 선고받았나요?

그때 사람들은

반공시대

　우리나라가 해방이 되자마자 다시 남한과 북한으로 나누어졌습니다. 북한은 소련에 의해 공산주의 국가가 되고 남한은 미국에 의해 자본주의 국가가 되었습니다. 한국전쟁이 일어나면서 남한과 북한은 서로 미워하며 휴전선을 사이에 두고 맞서게 되었습니다. 남한도 북한도 온 국민이 상대방을 향해 싸우는 군대처럼 변했습니다.
　남한에서는 공산주의를 반대한다는 뜻인 반공을 외쳤습니다. 현충일, 한국전쟁 기념일, 국군의 날에는 반드시 반공대회가 열렸습니다. 반공웅변대회, 반공글짓기대회, 반공포스터그리기대회 등이었습니다. '공산당이 싫어요.'를 외치다 북한무장공비에게 죽임을 당했다는 이승복 어린이 이야기를 크게 부풀려 선전했습니다. 반공웅변대회에서는 이승복 어린이 이야기가 주로 나오곤 했습니다.
　그때 학생들이 배우던 도덕책에는 북한 사람들이 뿔 달린 도깨비나 늑대로 그려져 있었습니다. 그러다보니 학생들도 반공포스터를 괴물가면을 쓴 돼지나 뿔 달린 늑대가 남쪽을 향해 총을 겨누고 있는 모습을 무시무시하게 그렸습니다. 공산주의 사상을 가진 북한 사람들은 양 탈을 쓰고 나쁜 짓을 하는 늑대라며 조심해야 한다고 가르쳤습니다.
　북한쪽에서도 남한을 싫어하여 나쁘게 이야기했습니다. 남한은 거지들이 우글거리는 아주 못 사는 나라라고 꾸며서 이야기했습니다. 옛날에 일본 지배를 받은 것처럼 미국이 지배하고 있고 미국편에 선 남한 대통령과 정치가들이 국민들을 못살게 군다고 하였습니다.

공산당이 싫어요!

　이렇게 남한과 북한이 서로 싸우는 분위기였기 때문에 문화도 그렇게 이용될 수밖에 없었습니다. 그러다 보니 반공문학과 반공영화 같은 것들이 많이 나왔습니다. 텔레비전 드라마도 간첩이 나오는 반공드라마가 많았습니다. 그때 널리 유행하던 만화 영화인 '똘이장군'을 보면 북한 공산당은 늑대 같은 짐승이고, 세상에서 가장 나쁜 사람으로 표현되었습니다. 그 공산당을 영웅소년인 똘이가 무찌른다는 이야기를 보면서 사람들은 환호하였습니다.

　북한은 간첩을 몰래 내려 보내 우리나라를 엿보고, 우리나라를 다시 침략할 기회를 늘 노리고 있다고 했습니다. 북한이 언제 또 쳐들어올지 모르니 온 국민이 정부 말을 잘 들으면서 하나로 똘똘 뭉쳐서 항상 준비해야 한다고 가르쳤습니다.

　정부에서 잘못하는 일을 말하면 북한 공산당편을 든다며 잡아가두었습니다. 신문, 잡지, 책, 영화 내용들을 일일이 간섭하며 조금이라도 정부 마음에 안 들면 금지시켰습니다. 북한으로 간 예술인들 작품은 무조건 책으로 만들지도 쓰지도 못하게 하였습니다.

　노래를 부르지 못하게 하는 금지곡도 무척 많았습니다. 김민기가 작곡한 〈아침이슬〉은 노래 가사에 나오는 붉게 타오르는 태양이 북한 지도자를 가리킨다며, 가수 김추자가 부른 〈거짓말이야〉는 남한사람끼리 서로 믿지 못하는 마음을 부추긴다며 금지시켰습니다. 빨간색하면 공산주의, 즉 싸워야 할 적인 북한이라고 생각하도록 만들었습니다.

　정치를 하는 사람들은 권력을 쥐고 휘두르기 위해 오직 반공만을 외쳤습니다. 여러 사람들이 가진 다른 생각들을 인정하지 않고 모두 똑같이 생각하고 똑같이 행동하기를 바랐습니다.

　학교 운동회에서도 청군과 홍군으로 편을 나누지 않고 청군과 백군으로 나누었습니다. 홍군이 빨갱이나 공산주의를 상징하는 색깔이기 때문입니다.

탐구하기

1. 북한과 남한이 서로 나뉘어져서 싸운 까닭은 무엇인가요?

요즘 사람들은

예전에는 남북한이 서로를 나라라고 여기지도 않으면서 맞서왔지만, 지금은 점점 사이가 좋아지고 있습니다. 통일을 위해 어떤 노력을 하는지 알아봅시다.

통일을 위한 노력들

남한과 북한은 오랫동안 서로를 미워하며 인정하지 않았습니다. 1960년대 말까지 무력으로 맞서는 상태가 계속되었습니다. 1970년대에 들어서면서 자본주의와 공산주의로 나뉘어 서로 싸우던 세계 여러 나라들이 조금씩 화해하는 분위기가 만들어졌습니다. 서로 평화롭게 살아가기 위한 방법들을 찾기 시작했습니다.

그러면서 남한과 북한도 서로를 조금씩 인정하며 대화하려는 마음을 가지게 되었습니다. 대한 적십자사가 남북적십자 회담을 제안하면서 남한과 북한 사이에 대화가 시작되었습니다.

남북 대화가 진행되면서 이산가족 고향 방문과 예술 공연단 방문 공연 등이 이루어졌습니다. 또 탁구, 축구 같은 운동 경기에서 남한과 북한이 같은 팀을 만들어 국제 대회에 나가서 좋은 결과를 거두기도 했습니다. 남한과 북한이 유엔에 동시에 가입하기도 했습니다.

남북 관계가 조금씩 좋아지기 시작했습니다. 그러다 김대중 정부가 들어서고 햇볕정책을 쓰기 시작하면서 더 좋아졌습니다. 햇볕정책은 이솝우화에서 따온 말인데, 나그네 웃옷을 벗기는 것은 강한 바람이 아니라 따뜻한 햇볕인 것처럼 북한과 사이좋게 지내려면 강하게 맞설 것이 아니라 따뜻하게 감싸 안는 햇볕정책을 펴야 한다는 것입니다.

그 결과 1998년부터 바닷길을 통한 금강산 관광이 시작되었고, 몇 십 년 동안 헤어졌던 이산가족들이 만나게 되었습니다. 북한에 비료도 지원하게 되면서 서로에 대한 믿음을 조금씩 쌓아 갔습니다. 1998년 6월 16일, 어떤 기업인은 북한에 소 5백 마리를 실은 트럭과 함께 판문점을 통해 북한에 다녀오기도 했습니다.

2000년 6월, 김대중 대통령이 평양을 방문하여 북한 최고 지도자인 김정일을 만났습니다. 이런 노력들이 앞으로도 이어진다면 남북이 하나로 통일될 날이 멀지 않을 것입니다.

생각하기

1. 앞으로 어떻게 하면 남한과 북한이 통일될 수 있을까요?

115. 누구나 정성껏 치료해준 장기려
(1911년~1995년, 의사)

역사 연대기

1950년 한국전쟁이 일어남
1968년 부산청십자의료협동조합이 세워짐
1975년 청십자의료원을 세움

학습목표

1. 장기려가 한 일을 알 수 있다.
2. 근대병원과 의료보험제도에 대해 알 수 있다.
3. 의료보험제도로 혜택을 받는 사람들에 대해 알 수 있다.

같이 읽으면 좋을 책

장기려 이 땅에 참사랑을 남기고 간 아름다운 의사 (뜨인돌)
장기려 가난한 사람들의 버팀목이 된 바보 의사 (웅진씽크하우스)

인물 이야기

상패까지 팔아 가난한 이웃을 위해 봉사한 바보 의사

할머니는 어린 장기려가 금강석처럼 이 세상에서 꼭 쓸모 있는 아이가 되게 해달라고 늘 기도했습니다. 그런 할머니를 보면서 장기려는 기도가 헛되지 않도록 해야겠다고 늘 마음먹었습니다. 그러나 대학을 가기 위해 고향을 떠나서 살게 되자, 친구들과 어울려 테니스를 하거나 화투 같은 놀이에 빠지고 말았습니다. 보살펴주는 어른이 없었기 때문입니다.

어느 날, 형으로부터 아버지가 사업에 실패해 가정형편이 어려워졌다는 편지를 받았습니다. 그때서야 할머니가 자신을 위해 기도하던 모습이 떠올랐습니다.

'하느님, 대학에 꼭 합격할 수 있게 해주세요. 그러면 훌륭한 의사가 되어 치료 한 번 못 받고 죽어가는 사람들을 위해 일생을 바치겠습니다.'

장기려는 간절히 기도하고 열심히 공부하여 경성의학전문학교에 들어갔습니다. 대학에 가서도 더욱 열심히 공부하여 서른 살에 의학박사가 되었습니다.

대전도립병원 원장으로 오라고 하였지만, 장기려는 가난하고 병든 사람을 돕기 위하여 평양에 있는 기홀병원으로 갔습니다. 월급도 적고 낮은 자리였지만, 훌륭한 의사가 되는 뜻을 펼칠 수 있을 것이라고 여겼기 때문입니다.

열심히 환자를 치료하고 있는데 한국전쟁이 일어났습니다. 낙동강까지 밀고 내려갔던 인민군이 유엔군에 밀려서 압록강까지 갔다가 중국군이 들어오자 다시 남쪽으로 밀고 내려왔습니다. 유엔군과 국군을 도운 사람들도 남쪽으로 피란을 가야 했습니다. 장기려도 육군야전병원에서 군인들을 치료해주었기 때문에,

"다친 국군을 도와 줬으니 인민군이 그냥 놔두지 않을 겁니다."

라며 피란을 가라고 했습니다. 장기려는 의사가 환자를 치료해 준 게 죄가 된다고 생각하지는 않았지만, 어쩔 수 없었습니다. 인민군으로 간 큰 아들이 집으로 돌아올지도 모르고, 나이 든 부모님이 피란을 가지 않으려고 해서 장기려는 둘째 아들만 데리고 떠나야 했습니다.

넉넉하게 석 달이면 전쟁이 끝날 것이니 그때 다시 만나자며 가족과 헤어졌습니다. 그러나 장기려는 다시는 가족을 볼 수 없었습니다.

 부산으로 내려온 장기려는 육군병원에서 군인들을 치료하였습니다. 전쟁으로 많은 사람들이 다쳤지만, 피란민들은 치료비가 없어서 병원에 갈 수가 없었습니다.
 '간단한 치료만 받으면 나을 텐데, 돈이 없어 저렇게 고통 속에 죽어가다니 ……. 치료비와 약값을 받지 않는 병원을 세울 수 있다면 얼마나 좋을까.'
라는 생각을 하고 있을 때, 평양에서 알고 지내던 한상동 목사가 전영창이라는 젊은이와 함께 찾아왔습니다. 미국에서 공부하던 유학생들이 위기에 빠진 나라를 도우려고 돈을 모았다며 5천 달러를 내놓았습니다. 또 피난민을 위한 병원을 세우면 유엔에서 약품을 대준다는 소식도 전해주었습니다.
 장기려는 그 돈으로 누구든지 무료로 치료해 주는 '복음병원'을 세웠습니다. 비록 천막병원이었지만, 환자가 하루에 2백여 명이나 찾아왔습니다. 장기려는 누구나 정성껏 치료를 해주었습니다. 치료비를 내지 못해 퇴원을 못하는 환자에게 도망갈 수 있도록 뒷문을 열어 놓기도 했습니다. 장기려는 돈보다 환자들 마음을 먼저 이해해주는 의사였습니다. 돈이 많이 드는 병도 돈을 거의 내지 않고 치료받을 수 있도록 우리나라에서 처음으로 의료보험제도를 만들기도 했습니다.
 장기려는 의사였지만, 결코 부자로 살지 않았습니다. 자기 집도 없어서 병원 옥탑방에서 살았습니다. 그래도 늘 '가진 게 너무 많다.'며 자기 것을 가난한 사람들에게 나누어 주며 살았습니다. 사회를 위해 봉사한 공로로 막사이사이상을 받았을 때도 상금은 물론 상패마저 팔아서 가난한 사람에게 나눠주었습니다.
 장기려는 남북고향방문단으로 평양에 가서 가족을 만날 기회가 있었습니다.
 "이산가족이 나 하나뿐이 아닌데 그럴 순 없소. 내가 의사가 아니었다면 이런 혜택이 돌아올 수 있었겠소? 나를 이번 고향방문단에서 빼 주시오."
 장기려는 가족을 만나고 싶었지만, 지위가 높을수록 특혜를 누려서는 안 된다고 생각하여 기회를 양보하였습니다. 북한에 있는 가족과 가끔 편지만 주고받으며 소식을 전하다가 쓸쓸히 세상을 떠났습니다.

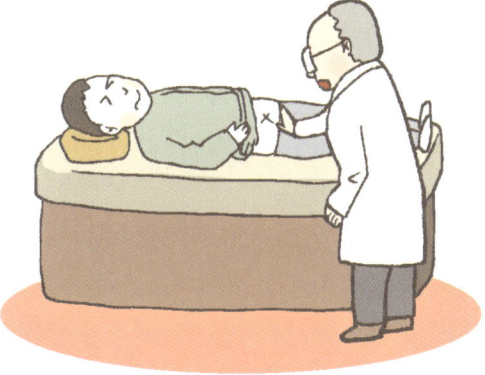

탐구하기

1. 장기려가 평양에 가서 가족을 만날 수 있는 기회를 물리친 까닭은 무엇인가요?

그때 사람들은

근대식 병원이 들어오고 의료보험제도를 실시하다.

 1884년에 일어난 갑신정변 때 명성황후 조카인 민영익이 칼에 찔려 크게 다쳤습니다. 고종 황제는 민영익을 치료할 의사를 찾았습니다. 칼에 찔린 상처라서 한의학으로는 고치기가 어려웠습니다. 그때 마침 선교사로 와있던 알렌이 나서서 민영익을 치료하게 되었습니다. 알렌은 의과대학을 나온 의사였기 때문에 다친 곳을 쉽게 치료할 수 있었습니다.
 알렌이 민영익을 구하자, 고종 황제는 서양의학을 더욱 좋게 생각하였습니다. 그래서 나라에서 운영하던 병원인 혜민서와 활인서를 서양식 병원인 광혜원으로 고쳤습니다. 광혜원은 얼마 뒤에 제중원으로 이름을 바꾸었습니다.

〈광혜원〉

 그 다음해에는 16명을 뽑아 교육하여 12명이 본과에 진급하면서 근대의학교육도 시작하였습니다.
 1886년에는 여자의사인 엘러스가 미국에서 제중원으로 오면서 부인부를 새로 만들고 왕실 여인들을 진료하였습니다. 제중원이 번창하여 자리가 비좁아지자 미국사람인 세브란스가 1904년 남대문 밖 복숭아골에 현대식병원을 지어서 옮겼습니다. 이름도 세브란스병원으로 또 바꾸었습니다.
 장기려가 다녔던 경성의학전문학교는 나라에서 세운 의학교였습니다. 대한제국 때 나라에서 운영하던 '대한의원'이 1916년에 경성의학전문학교가 되었습니다. 경성의학전문학교에서는 의학교육을 하여 의사를 길러냈습니다. 천연두예방접종을 처음으로 실시한 지석영이 교장으로 있기도 했습니다.

 서양의학이 인기가 높아지자 근대식병원도 많이 생겨났습니다. 그러나 한국전쟁이 일어나 많은 병원들이 파괴되었습니다. 병원도 부족하고 치료비도 없어서 제대로 된 치료를 받지 못했습니다. 장기려는 가난한 환자들을 도울 수 있는 방법이 없을까 하고 늘 생각하였습니다.

 어느 날 장기려가,

"환자들이 돈 걱정하지 않고 치료받을 수 있는 방법이 없을까?"

라고 어려움을 얘기하자, 농촌운동가인 채규철이,

"덴마크에서 유학할 때 병원에 입원한 적이 있는데, 의료보험제도 덕분에 돈 한 푼 안 내고 치료를 받았거든요. 우리나라에도 그런 제도가 있으면 얼마나 좋을까요?"

라며 경험했던 것을 들려주었습니다. 장기려는 좋은 생각이 떠올랐습니다.

'모든 국민이 매달 조금씩 돈을 내어 모아 두었다가, 언제든지 병이 나면 그 돈으로 치료를 받는 거야.'

 장기려와 채규철은 둘레 사람들에게 이것을 알려나갔습니다. 1968년 5월, 우리나라에서 처음으로 의료보험조합이 생겼습니다. 누구든지 청십자의료보험 조합원이 되면, 적은 비용으로 진료를 받을 뿐 아니라 수술도 받을 수 있게 되었습니다.

 부산에서 시작된 청십자의료보험은 21년간 약 53만 명이 가입하는 등 성공적인 민간의료보험이 되었습니다. 그러자 정부에서도 관심을 보이기 시작했습니다. 그래서 1977년에 직장의료보험이 생겼으며, 1989년에는 모든 국민이 의료보험에 가입하여 혜택을 누리게 되었습니다. 청십자의료보험조합은 전 국민이 가입하는 의료보험이 실시되면서 역할을 전국민의료보험에 넘겨주고 없어졌습니다.

탐구하기

1. 청십자의료보험조합은 왜 생기게 되었을까요?

요즘 사람들은

의료보험제도로 구제 받게 된 환자들에 대해서 생각해 봅시다.

돈 없는 사람들도 쉽게 치료 받게 해주는 우리나라 의료보험제도

　진영이는 텔레비전을 보다가 눈물을 흘렸습니다. 진영이와 비슷한 어린 아이인데, 희귀질환으로 힘들게 살아가는 모습을 보았기 때문입니다. 진영이가 훌쩍이자 엄마는,
"우리 진영이 마음이 아팠나보구나?"
"네. 그런데 엄마, 저런 병은 치료비가 많이 비싼가요?"
"희귀질환이다 보니 약을 구하기가 어렵고, 다른 질병보다 치료하기가 힘들어서 우리가 알고 있는 질병보다 치료비가 많이 들긴 하지."
"장기려 박사님은 아주 오래전부터 어려운 사람들을 위해서 의료보험도 만들었다고 했는데, 요즘 같이 의학이 발달된 때에도 혜택을 못 보는 사람이 있다니 너무 슬퍼요."
"그렇지? 진영이처럼 노무현대통령도 이런 어려움을 가진 사람들을 도와주고 싶어서 의료보험을 확대하는 법을 만들었단다. 그래서 2009년 7월부터 치료하기 힘든 많은 병들이 의료보험혜택을 받게 되었어."
"아, 그랬군요."
　진영이는 의료보험이 소아암이나 희귀병으로 힘들게 살아가는 친구들에게 많은 도움이 될 거라는 생각에 기분이 좋아졌습니다.
　그리고 엄마는 75세 이상 노인이 틀니를 할 경우 건강보험 혜택을 받아서 절반만 본인이 부담하면 된다고 하면서 할아버지 틀니도 해드릴 거라고 말했습니다. 진영이는 우리나라 의료보험이 참 좋은 것 같아서 우리나라가 자랑스러웠습니다.

생각하기

1. 의료보험제도는 어떤 좋은 점이 있나요?

116

비디오아트로 세상과 소통한 예술가, 백남준
(1932년~2006년, 비디오 아티스트)

역사 연대기

1984년 텔레비전 위성 쇼 〈굿모닝 미스터 오웰〉이 전 세계에 방송됨
1988년 서울에서 올림픽이 열림
2006년 미국 〈타임〉지가 백남준을 아시아 영웅으로 선정함

학습목표

1. 백남준에 대해 알 수 있다.
2. 비디오아트에 대해 알 수 있다.
3. 현대미술에 대해 알 수 있다.

같이 읽으면 좋을 책

넥타이를 잘라버린 비디오 아티스트(파란자전거)

인물 이야기

텔레비전, 미술과 만나다

백남준 아버지는 우리나라에서 가장 큰 옷감회사 사장이어서 아주 부자였습니다. 그래서 백남준 집에는 보통사람들이 엄두조차 내지 못하던 피아노가 있었습니다. 백남준은 피아노 치는 것을 좋아했지만, 아버지는 싫어했습니다. 커서 자기처럼 사업가가 되기를 바랐기 때문입니다. 그래도 백남준은 누나가 피아노를 칠 때 어깨너머로 구경하며 치는 법을 배웠습니다. 땅바닥에 피아노 건반을 그려놓고 치는 흉내를 내기도 하였습니다.

독일에서 음악공부를 하던 백남준은 베토벤이나 모차르트 같은 작곡가가 만든 음악을 배울 때마다 남들이 만들어 놓은 음악만을 따라서 연주하는 것이 싫었습니다. 전통 음악과는 전혀 다른 새로운 음악을 하고 싶었습니다.

어느 날 백남준은 다름슈타트라는 곳에서 음악가인 존 케이지를 만났습니다.

"모든 소리는 음악입니다. 떠드는 소리, 자동차 경적 소리 같은 시끄러운 소리나 아무 소리도 없는 침묵도 음악입니다. 또 사람이 하는 행동도 모두 음악이 될 수 있습니다."

존 케이지는 백남준에게 새로운 음악 세계를 알려주었습니다.

얼마 뒤에 백남준은 〈피아노포르테를 위한 습작〉이라는 제목으로 공연을 하였습니다. 백남준은 무대 위에서 피아노를 연주하다 말고 관중석에 앉아있는 존 케이지에게 다가갔습니다. 그리고는 주머니에서 가위를 꺼내 존 케이지가 메고 있는 넥타이를 싹둑 잘라 버리고는 옆자리에 앉은 사람 머리에는 샴푸를 쏟아 부었습니다. 그런 다음 말도 없이 연주회장을 빠져나가 근처 술집으로 가서는 공연장으로 전화를 했습니다.

"자, 이제 공연이 다 끝났으니 모두 돌아가세요."

이 말을 들은 관객들은 그때서야 백남준이 한 일들이 모두 공연이었다는 것을 눈치 챘습니다. 백남준은 지위가 높은 남자들이 권력을 뽐내기 위해서 넥타이를 매는 것이라고 생각했기 때문에 가위로 잘라버리며 비웃었던 것입니다. 존 케이지에게서 배운 대로 음악에다 행동을 덧붙인 행위음악을 한 것입니다. 이때부터 사람들은 백남준을 '문화 테러리스트'라고 불렀습니다. 백남준은 말하고 싶은 것을 행동으로 표현하는 퍼포먼스를 하면서 늘 새로운 예술을 꿈꾸었습니다.

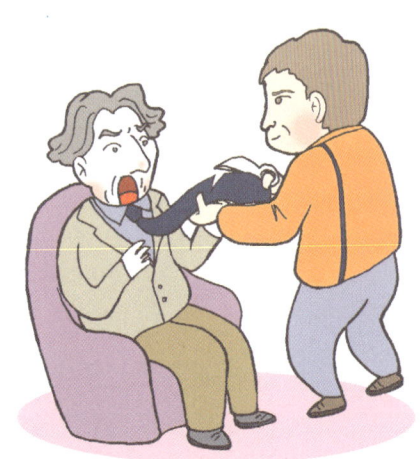

백남준은 누구도 생각하지 못했던 새로운 전시를 하기로 마음먹었습니다. 백남준 첫 개인전이 열린 독일 부퍼달 파르나스 화랑에 구경하러 온 관객들은 텔레비전 열세 대가 전시장에 아무렇게나 놓여 있는 것을 보았습니다. 그런데 제대로 된 텔레비전이 하나도 없었습니다. 화면이 거꾸로 달려있거나, 미국 대통령 얼굴이 찌그러지게 나오기도 하고, 스위치가 발밑에 있어서 관객들이 발로 밟아야 켜지는 텔레비전도 있었습니다.

"이제 곧 텔레비전이 사람들을 지배하게 될 거야. 하지만 그건 옳지 않아. 텔레비전은 사람들이 만든 기계일 뿐이라고."

백남준은 사람들이 너무 텔레비전에 빠져서 사는 것을 보고 텔레비전을 볼품없게 만들어 버리거나 여러 가지 모습으로 바꾸어 버린 것입니다. 또 사람이 손이나 발로 직접 만져야만 텔레비전이 켜지고 꺼진다는 것을 보여주며 사람이 없으면 텔레비전도 없다는 것을 깨닫게 하였습니다. 텔레비전을 직접 켜고 끄면서 관객들도 예술작품에 참여하게 하였습니다. 이렇게 텔레비전을 이용한 예술을 처음 만들었다고 하여 백남준을 '비디오아트 창시자'라고 불렀습니다.

1984년 새해 첫날, 미국 뉴욕과 프랑스 파리에서 여러 예술가들이 동시에 공연하는 모습이 전 세계 텔레비전을 통해 중계되었습니다. 바로 백남준이 만든 텔레비전 위성 쇼인 〈굿모닝 미스터 오웰〉이었습니다. 조지 오웰이 쓴 소설인 ≪1984년≫에는 1984년이 되면 사람들이 텔레비전에게 지배당한다고 하였지만, 백남준은 1984년이 되어도 사람들이 여전히 텔레비전에게 지배받지 않는다는 것을 보여주었습니다. 오히려 텔레비전을 무대삼아 세계 사람들이 한 가족처럼 즐겁게 어울리는 것을 보여주며 오웰 생각이 틀렸다는 것을 표현하였습니다.

뇌졸중으로 왼쪽 신경이 마비되어 마음대로 몸을 움직이지 못하게 되었을 때도 백남준은 끊임없이 비디오아트 작품을 보여주었습니다. 백남준이 죽자 장례식에 찾아 온 사람들은 자기가 매고 있던 넥타이를 잘라 관에 넣어주며 존경하는 마음을 나타냈습니다.

탐구하기

1. 백남준이 죽었을 때 사람들이 넥타이를 잘라서 관속에 넣어 준 까닭은 무엇인가요?

 그때 사람들은

텔레비전으로 그림을 그려요-비디오아트

　미술은 시대에 따라 여러 가지 방법으로 그린 그림들이 쏟아져 나오며 많은 변화를 겪었습니다. 사진처럼 똑같이 그리는 그림이 유행하기도 했고, 빛에 따라 변하는 순간적인 인상을 그리기도 하고, 눈에 보이지 않는 상상 세계를 그리기도 했습니다. 이렇게 새로운 방법이 나오면 뒤를 이어 또 새로운 방법이 나타나곤 하였습니다.

　1950년대부터 새로운 생각을 가진 미술이 더 많이 나왔습니다. 대부분 그 동안 해오던 방법들을 뒤집어보고 다르게 생각해보려는 것이었습니다. 예전에는 그림으로 그리지 않았던 햄버거나, 포크, 통조림 같은 것을 그리기도 하고, 그림을 붓으로 그리지 않고 물감을 뿌려 물감으로 가득 찬 그림을 그리기도 하였습니다. 남자들이 쓰는 소변기에 '샘'이라는 제목을 붙여서 예술작품과 흔히 쓰는 물건이 서로 같을 수도 있다는 것을 보여 주기도 했습니다.

　미술작품은 미술작품인 것 같은데 아닌 것 같기도 하다는 생각이 들게 하는 것들이 많았습니다. 이를 통하여 어떤 것이라도 예술작품이 될 수 있다는 것을 보여 주었습니다.

　그런 사회 분위기에 영향을 받은 백남준도 남들이 생각해 보지 않은 새로운 소재로 예술을 표현하고 싶었습니다. 그동안은 돈이 많은 사람들만 예술을 즐길 수 있었지만, 돈 없는 사람들도 누구나 예술을 쉽게 보고 느낄 수 있게 하려고 했습니다.

　그 당시 텔레비전은 집집마다 널리 퍼져서 사람들에게 엄청난 인기를 끌고 있었습니다. 텔레비전이 사람들에게 많은 영향을 미치는 것을 보고는 텔레비전을 이용한 전시를 해보면 좋겠다고 생각했습니다. 보통 사람들 가까이에 있고 즐거움을 주는 텔레비전은 백남준에게 딱 맞는 소재였습니다. 그래서 텔레비전을 캔버스로 삼고, 움직이는 비디오 화면을 물감 삼아 여러 가지 생각들을 표현해 보기로 했습니다.

사람들은 텔레비전으로 예술작품을 만들 수 있다는 생각을 전혀 해 보지 못했기 때문에 미술관에 갔다가 그림 대신 텔레비전이 놓인 것을 보고는 의아해했습니다.

이처럼 백남준은 옛날에 미술을 하기 위해 사용했던 재료들 대신에 사람들과 가까운 텔레비전이나 비디오카메라를 마치 붓이나 물감처럼 이용하였습니다. 이것을 '비디오아트'라고 합니다.

백남준은 예술은 혼자 하는 것이 아니라고 생각했기 때문에 예술을 보는 사람과 서로 마음을 주고받는 것을 중요하게 여겼습니다. 그러나 텔레비전은 한쪽에서만 들려주고 보여주는 것이므로 사람들이 텔레비전에서 보여주는 대로 생각하고 따라하였습니다. 백남준은 사람이 텔레비전에 끌려가는 것이 싫었습니다.

그래서 자신이 만든 작품에 관객들이 더 많이 참여할 수 있도록 자석을 텔레비전 화면 앞에서 이리저리 움직이게 하여 여러 가지 무늬를 만들어 내는 〈자석텔레비전〉, 첼로 몸통 대신 텔레비전에 줄을 이어 현을 건드리면 그 소리가 텔레비전에 영상으로 나타나도록 한 〈텔레비전 첼로〉도 만들었습니다. 또 텔레비전과 라디오, 모니터 등을 이용한 로봇도 만들었는데 할아버지, 어머니, 아기 같은 가족이나 단군이나 장영실, 슈베르트 같은 역사인물도 있었습니다.

이처럼 백남준은 텔레비전을 다양한 방식으로 모양을 변화시키면서 새로운 예술 분야를 개척했습니다. 예술작품을 만드는 사람과 구경하는 사람이 서로 생각을 주고받을 수 있게 하는 것이 진정한 예술이라고 생각했기 때문입니다.

탐구하기

 〈장영실의 꿈〉 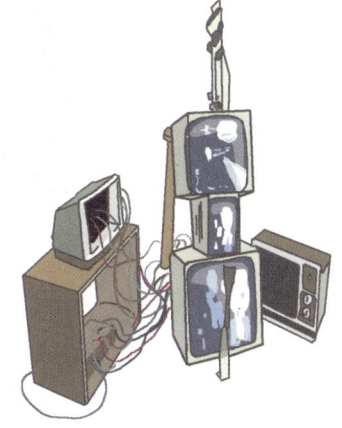 〈텔레비전 첼로〉  〈자석 텔레비전〉

1. 백남준이 생각하는 진정한 예술은 무엇인가요?

요즘 사람들은

백남준이 독일에서 연 전시회를 보고 비평가들은 "여기가 고물상인가요? 전시장인가요?"하고 새로운 비디오 예술을 이해하지 못했습니다. 이처럼 전문가들조차도 현대 미술은 이해하기가 쉽지 않습니다. 현대 미술을 이해하기 위한 방법을 생각해 봅시다.

현대 미술은 너무 어려워요!

"엄마, 다다익선이 뭐예요?"

예현이는 미술작품을 설명해 놓은 책을 보다가 텔레비전 모니터를 쌓아서 케이크모양 같기도 하고 탑 같기도 한 작품 이름을 보고 엄마에게 물어보았습니다.

"다다익선은 많으면 많을수록 좋다는 뜻이란다. 1988년에 열린 서울올림픽대회를 기념하며 백남준이 만든 거란다."

"이런 미술작품을 보면 뭐가 좋다는 건지 정말 모르겠어요."

"현대 미술은 사실 그걸 그리거나 만든 그 작가가 왜 만들었을까 하는 것과 그것을 본 느낌을 헤아려서 봐야 하니까 이해하기가 힘들긴 하지."

"피카소가 그린 그림은 내 친구가 그린 그림보다도 더 못 그리는데 훌륭하다고 그러잖아요. 왜 그런 그림이 훌륭하다고 하는지 모르겠어요."

"그럼 예현이는 어떤 미술작품이 훌륭한 거라고 생각하는데?"

"딱 보면 내용을 다 알 수 있는 그림이 좋아요. 김홍도가 그린 '서당'같은 그림이요. 보기만 해도 재미있어서 웃음이 나오고 서당에 다녀본 적이 없는 나도 예전에 서당모습은 이렇구나 하고 바로 알 수 있잖아요."

"김홍도 그림도 그때는 배경이 없어서 그리다 만 것 같다고 했지. 그랬지만 지금은 아주 좋은 그림이 되었잖니?

예술은 그 시대 사람들 생각을 발전되게 하는 것이란다. 현대미술이 지금은 어려운 것 같지만, 예현이가 옛날보다 더 좋은 생각을 해내는 데 좋은 밑거름이 될 거야. 그냥 마음 편하게 느껴지는 대로 보면 된단다."

백남준〈다다익선〉　　김홍도〈서당〉

엄마 말을 들으니 어려운 것 같은 현대미술 작품도 마음 편하게 보아야겠다는 생각이 들었습니다.

생각하기

1. 현대 미술을 잘 이해하려면 어떻게 해야 할까요?

117

굶주림을 몰아낸 옥수수 박사, 김순권
(1945년~현재, 육종학자)

역사 연대기

1976년 수원 19호 개발
1996년 아프리카 옥수수 신품종 개발
1998년 북한 형 슈퍼 옥수수 개발 프로젝트가 시작됨
2007년 사료용 슈퍼 옥수수 개발

학습목표

1. 옥수수 박사 김순권에 대해 알 수 있다.
2. 육종학에 대해 알 수 있다.
3. 지엠오식품에 대해 생각할 수 있다.

같이 읽으면 좋을 책

아프리카의 옥수수 추장 (우리교육)

인물 이야기

옥수수 박사 김순권

김순권은 가난한 농부 아들로 태어났습니다. 김순권 아버지는 아침부터 밤늦게 까지 쉬지 않고 일을 했지만, 늘 먹을 것이 없어서 굶는 날이 많았습니다. 그런 아버지를 볼 때마다 마음이 아팠습니다.

'어떻게 하면 농민들이 먹을 것 걱정을 하지 않고 잘 살 수 있을까?'라고 고민하던 김순권은 우장춘 같은 육종학자가 되기로 마음먹었습니다. 육종학자가 되면 가난한 농민들을 도울 수 있을 거라 생각했습니다. 육종학이란 품종이 다른 생물을 서로 교배해서 좋은 점을 많이 가진 새로운 동물이나 식물을 만들어 내는 것을 말합니다.

경북대학교 농과대학을 졸업한 김순권은 농업에 대한 연구를 하는 농촌진흥청에 들어갔습니다. 김순권은 농촌진흥청에서 옥수수에 대한 연구를 맡았습니다. 김순권은 농약 없이도 잘 자라는 새로운 옥수수 품종을 만들어내기 위해 애썼습니다.

새로운 품종을 만들어 내는 것에 대해 더 많이 공부하고 싶었던 김순권은 육종학이 가장 발달한 나라인 미국으로 유학을 갔습니다.

김순권은 강의시간을 뺀 거의 모든 시간을 옥수수 농장에서 옥수수 꽃가루를 묻혀주며 교배를 시켰습니다. 서로 다른 종자끼리 교배시키면 새로운 품종인 옥수수가 나왔습니다. 김순권은 밥 먹으러 가는 시간도 아까워서 빵이나 날 옥수수로 점심을 때운 적도 많았습니다. 저녁이면 지친 몸을 이끌고 연구소로 돌아와 공부하다가 밤을 새는 날도 많았습니다. 같이 공부하던 학생들이,

"옥수수 올림픽이 있다면 김순권이 금메달을 딸 거야."

라며 김순권을 칭찬했습니다. 그렇게 열심히 연구한 끝에 3년 만에 농학박사 학위를 받고 곧바로 우리나라로 돌아왔습니다.

우리나라에 돌아온 김순권은 미국 옥수수보다 더 좋은 옥수수를 만들기 위해 열심히 연구했습니다. 옥수수 밭에서 하루 종일 교배를 시키고 나면 손은 부르트고 발은 퉁퉁 부어서 걷기조차 힘들 때도 많았습니다.

 2년에 걸친 노력 끝에 우리 땅에 맞는 우수한 옥수수 품종을 개발했습니다. 농촌진흥청이 있는 도시인 수원을 따서 '수원 시리즈'라는 이름을 붙였습니다. 김순권이 만든 옥수수는 풍성한 수확을 할 수 있게 해주었습니다. 그때부터 농민들은 김순권을 옥수수 박사라고 불렀습니다.

 우리나라에서 큰 성공을 거둔 뒤 굶주리는 아프리카 사람들을 돕기 위해 나이지리아로 갔습니다. 무더위 속에서 말라리아와 싸우며 17년 동안 오직 옥수수만 연구했습니다. 드디어 병과 벌레와 가뭄을 이겨 낼 수 있는 강한 옥수수 품종 두 개를 만들어 냈습니다. 이때 개발한 두 품종에 '오바슈퍼 1호', '오바슈퍼 2호'라는 이름을 붙였습니다.

> 말라리아-말라리아 원충을 가진 모기에게 물려서 감염되는 전염병. 갑자기 고열이 나며 설사와 구토, 발작, 빈혈등을 일으킨다.

 김순권이 개발한 옥수수를 심은 아프리카 사람들은 굶주림에서 벗어 날 수 있게 되었습니다. 아프리카 사람들은 김순권을 존경하여 '마이에군 추장'이라고 불렀습니다. 마이에군이란 '가난한 사람들을 배불리 먹인 사람'이라는 뜻입니다.

 아프리카에서 우수한 옥수수 재배로 성공을 거두었을 무렵, 김순권은 북한 동포들이 굶주리고 있다는 소식을 듣게 되었습니다.

 '북한 땅에 맞는 옥수수 품종을 개발할 수 있다면 동포들이 배불리 먹을 수 있을 텐데.'라는 생각으로 우리나라로 다시 돌아온 김순권은 북한에 보낼 옥수수 종자를 개발하기 시작했습니다. 강원도에서 개발한 옥수수를 북한으로 보냈습니다. 강원도 땅에서 잘 자라면 북한에서도 잘 자랄 수 있기 때문입니다.

 여러 차례 북한을 오가며 더 좋은 옥수수 종자를 만들기 위해 노력했습니다. 김순권이 북한에 심어 놓은 옥수수는 사랑과 통일에 대한 희망을 담고 주렁주렁 열리고 있습니다.

탐구하기

1. 김순권이 육종학을 하게 된 까닭은 무엇인가요?

2. 아프리카 사람들은 김순권을 무엇이라고 불렀나요?

그때 사람들은

식량문제를 해결한 육종학

일본에 강제로 지배당하고, 한국전쟁을 겪으면서 우리나라는 항상 먹을 것이 부족했습니다. 가을에 수확한 곡식이 다 떨어져 갈 무렵에는 먹을 것이 없어서 나무껍질이나 풀뿌리를 먹기도 했습니다. 보리가 나오기 전까지 굶주림에 시달리는 것이 고갯길을 넘는 것처럼 힘겹다고 '보릿고개'라고 불렀습니다. 그 때는 흉년이 자주 들기도 했고, 지금처럼 좋은 품종이 아니었기 때문에 농민들이 열심히 농사지어도 식량이 늘 부족하였습니다.

수확량을 늘리기 위해서는 빨리 자라고 병충해에도 강한 종자를 만들어 내야 했습니다. 우수한 품종을 만들어내는 육종학에 대한 연구가 시작되었습니다. 우리나라에서 처음으로 육종학 연구를 한 사람은 우장춘 박사였습니다.

우장춘 박사는 식량이 부족한 우리나라 사람들을 위하여 우수한 감자 품종을 개발하였습니다. 알이 굵고 병에 걸리지 않는 씨감자 품종을 만들었습니다.

튼튼한 배추도 만들었습니다. 옛날 유채는 키가 작았으나 배추와 접을 붙이면서 제주유채가 만들어졌고, 제주유채와 양배추가 다시 합쳐져 튼튼하고 큰 배추가 만들어졌습니다. 맛 좋고 병에 강한 무 품종도 만들었습니다. 병충해에 강한 벼 품종을 개발하기 위한 연구도 했습니다. 일 년에 두 번 농사지을 수 있는 벼 품종도 개발했습니다.

제주도는 기후가 따뜻하고 장마가 빨리 와서 꽃이 피고 열매 맺는 시기가 겹치기 때문에 좋은 종자를 생산하기 힘들었습니다. 대신 감귤 재배에는 적당했습니다. 우장춘 박사는 감귤 품종을 개발해서 제주도 사람들이 감귤 농사를 많이 지을 수 있도록 도와주었습니다. 그래서 제주도는 지금 우리나라 최고 감귤 생산지가 되었습니다.

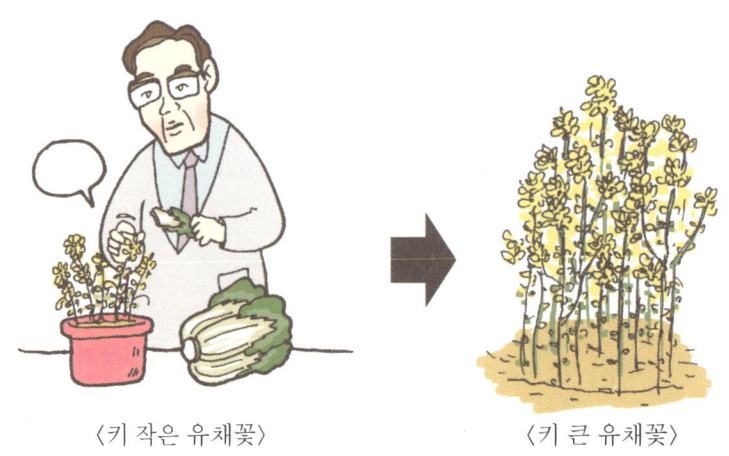

〈키 작은 유채꽃〉　　　〈키 큰 유채꽃〉

 1965년부터 농촌 진흥청, 서울대 농학과 육종학 연구실, 필리핀에 있는 국제미작연구소 등 40여명 연구진들이 벼 품종개발 연구를 시작했습니다. 우리나라 사람들 주식인 쌀 생산량을 늘리는 것이 무엇보다 중요했기 때문에 우수한 벼 품종을 개발하기 위해 우리나라에 있던 벼와 외국에서 들어 온 벼 종자를 조사하고 분석하였습니다.

 7년 동안 노력한 끝에 1971년에 '통일벼'가 만들어졌습니다. 자포니카 품종에 인디카 종을 교배시킨 통일벼는 병충해에 강하고 수확량이 많은 벼여서 '기적의 볍씨'라 불리기도 했습니다.

 그러나 통일벼는 병에 약하고 밥맛이 떨어지는 단점이 있었습니다. 그 단점도 보완하여 맛이 뛰어난 벼 품종을 또 만들어 냈습니다.

 이어서 밀양벼, 만석벼, 금강벼, 샛별벼 등을 개발하였습니다. 1985년부터 나오기 시작한 장성벼는 일본이나 다른 외국에서도 좋은 품종이라며 칭찬을 받았습니다.

 1960년대 까지도 배고픔에 시달리던 우리나라 사람들은 육종학에 대한 연구와 노력으로 인해 식량문제를 해결할 수 있게 되었습니다. 품종 개발로 이모작이 가능하게 되었고, 병과 벌레 때문에 제대로 수확하기 어려웠던 작물들을 더 많이 수확할 수 있게 되었습니다. 또한 품종 개량을 통해 더 달고 맛있는 과일도 먹을 수 있게 되었습니다.

탐구하기

1. 육종 연구를 통해 어떤 문제들을 해결할 수 있게 되었나요?

요즘 사람들은

다른 품종끼리 교배시켜 좋은 품종을 만드는 육종학과는 달리 전혀 다른 동식물에서 유전자를 뽑아 서로 섞어서 새로운 품종을 만드는 지엠오에 대해서 알아봅시다.

지엠오식품

어떤 유전자를 다른 유전자에 붙인 뒤 그 유전자를 변형시켜 새로운 품종을 만들어 내는 것을 유전자 조작이라고 합니다. 유전자 조작을 통해서 새롭게 만들어진 생명체를 유전자 조작 생명체(Genetically Modified Organism)라는 영어 단어에서 앞 글자를 따 GMO(지엠오)라고 합니다.

벼, 콩, 감자, 옥수수 등 농작물을 변형시킨 것을 유전자 조작 농산물이라 부릅니다. 유전자가 조작된 농산물을 이용해서 만들어진 식품을 유전자 조작 식품 즉 지엠오식품이라고 부릅니다.

1983년에 미국에서 개발한 '항생제에 강한 담배'가 처음으로 만들어진 지엠오작물입니다. 1994년에는 유전자를 변형시켜서 쉽게 무르지 않는 토마토를 만들어 큰 인기를 끌었습니다. 지금은 미국을 비롯한 캐나다, 아르헨티나, 중국 등 여러 나라에서 옥수수, 콩, 감자 등 많은 지엠오작물들을 재배하고 있습니다.

지엠오를 찬성하는 사람들은 지엠오는 안 좋은 환경에서도 잘 자라므로 식량난을 해결해 줄 수 있다고 주장합니다. 농사짓기도 편하고 비료 양도 줄일 수 있어서 이익이 된다고 생각합니다. 또 병을 치료할 수 있는 기능이나 영양소를 더 많이 붙여서 농작물을 재배할 수 있으므로 완전식품이라고도 부릅니다.

하지만 다른 한편에서는 지엠오가 매우 위험하다며 지엠오 개발을 반대하고 있습니다. 지엠오식품을 먹은 동물들이 죽은 새끼를 낳거나 몸 속에 이상이 생겼기 때문입니다. 동물에게 부작용이 나타났다면 인간에게도 나쁜 영향을 줄 수 있다고 합니다.

그런 생각들 때문에 미국에서 재배된 많은 지엠오농산물들이 팔리지 않고 있습니다. 미국 사람들도 지엠오농산물을 먹지 않으려고 하고 다른 나라에서도 믿을 수 없다며 수입을 거부하고 있기 때문입니다.

생각하기

1. 왜 사람들은 GMO농산물 개발을 반대할까요? 나는 GMO에 대해 어떻게 생각하고 있나요?

118

문학처럼 실천한
권 정 생
(1937년~2007년, 동화작가)

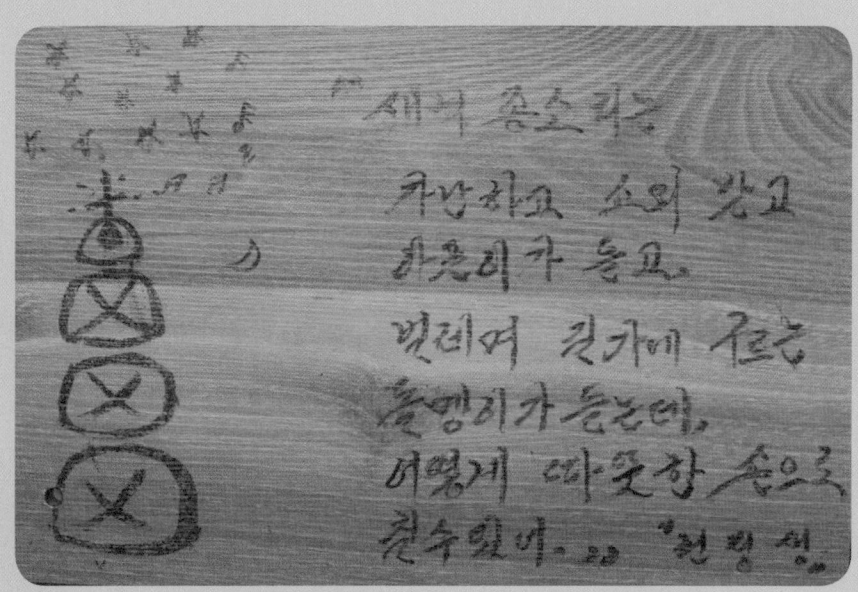

역사 연대기

2000년 남북정상 회담이 열림
2002년 한일월드컵축구대회가 열림
2007년 경의선 철도가 다시 이어짐

학습목표

1. 권정생에 대해서 알 수 있다.
2. 아동문학에 대해서 알 수 있다.
3. 아이들이 좋아하는 동화를 생각할 수 있다.

같이 읽으면 좋을 책

강아지똥(길벗어린이), 밥데기죽데기(바오로딸), 또야 너구리가 기운바지를 입었어요(우리교육), 비나리 달이네 집(낮은산), 몽실언니(창비), 강아지똥 할아버지(사계절)

인물 이야기

자기가 쓴 동화처럼 살았던 권정생

권정생은 일본이 우리나라를 강제로 빼앗아 차지했던 일제강점기에 일본 도쿄에서 태어났습니다. 나라를 빼앗겨 먹고 살기 힘들었던 부모님은 일본으로 가, 도쿄에서 가난한 동네인 혼마치에 살았습니다. 아버지는 청소부 일이나 막노동을 하는 가난한 노동자였습니다.

권정생은 일본이 연합군에게 항복하자 가족들과 함께 우리나라로 돌아왔습니다. 돌아와도 농사지을 땅이 있는 것도 아니고 돈이 많은 것도 아니었습니다. 먹고 살길이 막막하였습니다. 가족들은 살길을 찾아 뿔뿔이 흩어졌고, 권정생도 재봉틀 가게 직원, 나무장수, 고구마장수 등을 하며 이리저리 떠돌았습니다.

열여덟 살에 결핵이라는 병에 걸려 집으로 돌아왔지만, 콩팥에서 시작된 병이 온몸으로 퍼지고 있었습니다. 스물두 살 때 아버지가,
"동생을 장가보내야 하니 좀 나갔다 오너라."
라고 하였습니다. 결핵환자가 있는 집안은 자식을 결혼시키기 힘들었기 때문입니다.

일직교회-경북 안동

권정생은 집을 나와 거지처럼 밥을 얻어먹으며 떠돌아 다녔습니다. 서른 살이 되어서야 경상북도 안동에 있는 조탑리 마을로 돌아왔습니다. 일직교회 종지기가 되어 교회에 있는 허름한 문간방에서 살았습니다. 비가 오면 개구리가 들어오고 겨울이 되면 쥐가 들어와 이불속에 같이 자고 갔습니다. 권정생은 새벽마다 일어나 종을 치고 교회바닥에 엎드려 세상 모든 생명들이 고통 받지 않도록 해 달라고 기도했습니다.

서른네 살에 제 1회 기독교 아동문학상에 '강아지똥'이 당선되면서 동화작가가 되었습니다. ≪몽실언니≫ ≪사과나무밭 달님≫ ≪밥데기 죽데기≫를 비롯한 수많은 동화를 썼습니다. 동화에 나오는 주인공들은 하나같이 힘없는 생명이거나 가난한 사람들이었습니다. 동화를 써서 돈도 많이 벌었습니다.

좋은 집에서 살 수 있을 만큼 충분한 돈이 있었지만, 권정생은 동네청년들과 힘을 합쳐 지은 작은 흙집에서 살았습니다. 다섯 평 밖에 안 되는 오두막집에서 살며 덜 먹고, 덜 입고, 덜 쓰는 삶을 실천하였습니다.

권정생은 사람들이 자가용을 타지 않으면 석유를 얻기 위해 다른나라 전쟁에 젊은이들을 보내지 않아도 된다고 하였습니다. 자가용 때문에 석유가 많이 필요하고, 그 석유를 얻기 위하여 전쟁을 하기 때문입니다. 지나치게 소비하니까 서로 다투고 전쟁이 일어난다는 뜻입니다. 자가용 타는 사람들은 그 말을 듣고 부끄러워 하였습니다.

동화를 써서 돈을 많이 벌었으니까 좋은 집을 짓고 편하게 살라고 하면,

"그렇게 살아서 뭐 하 게요?"

라고 되물어서 말한 사람을 도리어 부끄럽게 하였습니다.

결핵 때문에 콩팥 하나와 방광을 잘라내고 하루도 아프지 않은 날이 없을 만큼 고통스럽게 살았지만, 권정생은 자연과 생명과 어린이, 그리고 힘 없고 가난한 사람 편에서 사랑을 담아 글을 썼습니다.

권정생이 살았던 집-경북 안동

권정생은 유언장에 자기가 동화를 써서 번 돈은 어린이로 인해 생긴 것이니 어린이들에게 돌려주라고 썼습니다. 굶주리는 북녘 어린이들을 위해 쓰고, 남는 돈이 있으면 아시아와 아프리카 같은 곳에서 굶주리는 어린이들에게 써 달라고도 하였습니다. 남북한이 서로 미워하지 말고, 싸우지 말고, 통일을 이루어서 잘 살 수 있도록 기도 많이 해 달라고 하였습니다.

다섯평짜리 흙집에서 검소하게 살았던 것처럼 죽어서도 자신을 기리는 일도 하지 말라고 하였습니다. 권정생은 죽어서도 그가 쓴 문학작품에서 처럼 맑고 깨끗하게 영원히 기억될 것입니다.

권정생이 남긴 유서

탐구하기

1. 권정생이 검소하게 살아야한다고 주장한 까닭은 무엇인가요?

그때 사람들은

어린이를 키우는 문학

방정환이 '어린이'라는 잡지를 만들자 사람들이 동화를 써서 '어린이'지에 발표하기 시작하였습니다. '어린이'지에 가장 많은 동화를 써서 실은 사람은 방정환입니다. 그때는 우리나라에 동화를 쓰는 작가들이 많지 않았기 때문에 좋은 동화를 많이 싣지 못했습니다.

외국동화를 우리말과 우리 이야기처럼 만들어서 실었습니다. 이것을 번안동화라고 합니다. 우리나라 사람이 나오기는 해도 우리나라 이야기가 아니었으므로 우리나라 사람들과는 어울리지 않았습니다. 내용도 아름다운 어린이들 이야기가 많았습니다. 어린이들은 맑고 밝고 아름답게만 자라야 한다고 생각했기 때문입니다.

그러나 평화롭고 아름답기만 한 이야기는 우리나라 어린이들이 살아가고 있는 모습이 아니었습니다. 그때 우리나라 어린이들은 나라가 강제로 일본에 지배당하면서 가난하고 헐벗은 채로 힘들게 살아가고 있었기 때문입니다.

우리나라 사람들과 어린이들이 힘들게 살고 있는데 아름다운 동화만 쓰는 것은 어린이를 속이는 일이라고 생각한 동화 작가들은 실제로 힘들게 사는 어린이들을 주인공으로 해서 동화를 썼습니다.

이주홍이 쓴 ≪청어뼉다귀≫라는 동화는 자기 땅이 없어서 다른 사람 땅을 빌려서 농사 짓는 사람인 소작인들이 겪는 아픔을 담은 것입니다. 또 현덕은 ≪나비를 잡는 아버지≫라는 동화에서 땅 주인을 대신해서 소작인들을 부리는 마름 아들인 경환이가 나비를 잡느라 소작인인 바우네 참외밭을 짓밟는 것을 보고는 서로 싸우

는 이야기를 썼습니다. 가난하고 힘들게 사는 어린이들을 그대로 보여준 것입니다.

일제가 동아시아는 하나가 되어야 한다는 대동아공영을 내세우며 중일전쟁과 태평양전쟁을 일으키면서 우리나라 사람들에게도 우리말을 쓰지 못하게 하고 우리글로 된 신문이나 책을 만들지 못하게 하면서 우리말로 된 동화도 나오지 못했습니다.

일제가 연합군에게 패하고 우리나라가 일본 지배에서 벗어나자 다시 우리말과 우리글을 되찾고 동화도 많이 쓰게 되었습니다. 하지만 나라는 좌와 우로 나뉘어서 두 동강이 나고 말았습니다. 3년 동안 전쟁도 하였습니다. 남과 북으로 나뉘어서 원수처럼 갈라서 버렸습니다.

동화도 북한을 원수로 여기는 반공동화가 많이 나왔습니다. 북한 공산주의자들은 모두 나쁜 사람들이고 짐승이나 도깨비처럼 뿔이 달렸으며, 사람을 함부로 죽이는 괴물이고, 식인종처럼 사람을 잡아먹기도 한다는 내용이 대부분이었습니다.

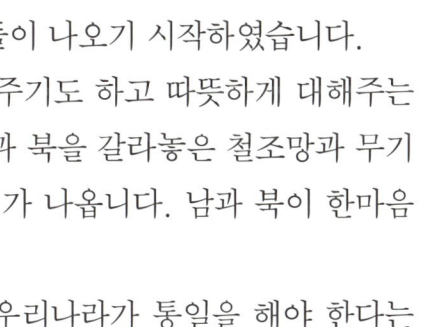

반공동화를 읽은 어린이들은 북한 사람들이 우리랑 같은 민족이라는 생각보다는 나쁜 괴물이라는 생각으로 두려워했습니다. 하나로 어울려 살아야 한다는 생각보다는 쳐부수고 무찔러야한다는 생각만 하게 되있습니다.

80년대가 되면서 남과 북이 한 민족이니 서로 싸우거나 미워하지 말고 서로 힘을 합쳐서 평화롭게 살아야 한다는 생각이 자리 잡기 시작하였습니다. 동화에서도 남과 북이 서로를 이해하고 손을 잡는 것들이 나오기 시작하였습니다.

권정생이 쓴 ≪몽실언니≫에는 인민군이 몽실이를 도와주기도 하고 따뜻하게 대해주는 이야기가 나오기도 합니다. ≪밥데기 죽데기≫에서는 남과 북을 갈라놓은 철조망과 무기들이 녹아버리고 남북한 사람들이 서로 손을 잡는 이야기가 나옵니다. 남과 북이 한마음으로 뭉쳐 통일을 이루자는 뜻이 담겨 있습니다.

어린이들이 스스로 나서서 통일을 이루지는 못하지만, 우리나라가 통일을 해야 한다는 것을 깨닫게 되고, 어릴 때부터 통일을 해야 한다는 생각을 가지도록 하기 위하여 이런 동화를 쓰게 된 것입니다.

탐구하기

1. 권정생이 ≪몽실언니≫나 ≪밥데기 죽데기≫같은 동화를 쓴 까닭은 무엇인가요?

요즘 사람들은

다섯 평짜리 흙집에서 검소하게 살았던 권정생에 대해서 생각해 봅시다.

권정생 할아버지를 닮은 작은 집

차를 타고 안동에 도착했을 땐 이미 오후가 되어있었다. 건물 사이로 난 길을 따라가다 보면 목적지가 가깝다는 것을 알 수 있는 표지판이 있고, 여기서 조금 가다보면 차를 끌고 들어갈 수 없는 오솔길이 나온다.

코스모스가 예쁘게 피어있는 그 길을 지나면 작은 집이 한 채 나온다. 방이라고 하긴 크고 집이라고 하긴 많이 작은 집이다. 권정생 할아버지가 사시던 곳이란다. 길이는 내 걸음으로도 열 걸음 정도 되고, 폭도 네다섯 걸음 될까 말까 할 정도다. 정말로 누우면 꽉 찰것 같이 작은데다 낡기까지 해서 안쓰러울 정도다.

그 집에서 조금만 더 가면 작은 교회가 나오는데 권정생 할아버지가 종지기 일을 하시던 교회다. 예배시간을 알리는 종이 걸린 철제구조물 아래쪽에는 권정생 할아버지가 종을 치시면서 하신 말이 적힌 팻말이 조그맣게 서있었다. 그리고 그 옆에 있는 컨테이너 박스 있던 자리가 강아지똥을 쓴 곳이라고 한다. 정말 계속 느끼는 거지만, 권정생 할아버지는 대단한 것 같다. 어떻게 이런 환경에서 그렇게 대단한 글을 쓸 수 있는지도 모르겠다.

그 다음에는 권정생 기념관에 갔는데 그곳에는 권정생 할아버지가 쓴 책들과 원고들이 전시되어있었다. 그곳에 들어가서 난 내가 모르던 권정생 할아버지가 쓴 동화가 이렇게 많다는 것에 놀랐고, 권정생 할아버지 동화들을 우리나라 어린이들뿐만 아니라 중국, 일본 어린이들까지 읽는 유명한 책이라는 것에 또 놀랐다. 그동안 강아지똥과 몽실언니 밖에 읽어보지 못했다는 게 아쉬울 정도다.

사실 오랫동안 머물러 있었던 건 아니지만 꽤나 즐거운 여행이었고 몰랐던 사실을 하나라도 알게 되었다는 면에서도 의미 있는 여행이었다. 그리고 내가 아무것도 모르고 읽었던 책들 속에 단어들이 새로운 의미로 다가와서 즐거웠다. 이제부턴 권정생 할아버지 동화를 읽을 때 이번 여행을 생각하며 읽는 것도 재미있을 것 같다.

생각하기

1. 권정생 동화가 중국이나 일본등에서도 유명한 까닭은 무엇일까요?

11일

사랑과 나눔을 실천한
김수환
(1922년~2009년, 종교인)

역사 연대기

1975년 3.1명동사건이 일어남
1980년 5.18민주화운동이 일어남
1987년 6월 민주항쟁이 일어남

학습목표

1. 김수환 추기경에 대해 알 수 있다.
2. 더 나은 세상을 위해 노력하는 종교 단체들에 대해 알 수 있다.
3. 명동성당에 대해 알 수 있다.

같이 읽으면 좋을 책

김수환 추기경 (성바오로)

인물 이야기

힘없는 사람들 편에 서려했던, 김수환 추기경

독실한 천주교 신자였던 김수환 할아버지는 천주교 박해 때 순교하였습니다. 아버지 없이 가난하게 자란 김수환 아버지는 천주교 박해를 피해 옹기장수를 하며 여기저기 떠돌아다니다가 천주교 신자였던 처녀를 만나 대구에서 살게 되었습니다.

김수환은 5남 3녀 가운데 막내로 태어났습니다. 초등학교 1학년 때 아버지가 병으로 돌아가시자 어머니는 옹기를 머리에 이고 다니며 팔아서 가난한 집안 살림을 꾸려갔습니다. 신앙심이 깊었던 어머니는 자식들을 엄격하게 교육시켰습니다.

김수환 어머니는 김수환이 신부가 되게 하려고 신학교에 입학시켰습니다. 아침 일찍 일어나 기도하고 공부하는 신학교 생활이 힘들었던 김수환은 때로는 꾀병을 부리기도 하고 때로는 신학교를 그만 두겠다고 떼를 쓰기도 하였습니다.

김수환이 신학교에 다니던 때는 일제강점기였는데 학교시험에 황국 신민이 된 소감을 쓰라는 문제가 나왔습니다. 김수환은,

'나는 황국 신민이 아님. 따라서 소감이 없음'

이라고 썼다가 교장실로 불려가 혼이 났습니다.

> 사제 -주교와 신부, 성직자
> 교구 -신자 관리를 위해 나누어 놓은 구역

그 일로 쫓겨날 줄 알았는데 학교에서 오히려 일본으로 유학을 보내 주었습니다. 일본에서 공부하던 김수환은 태평양 전쟁이 일어나자 군인으로 끌려갔다가 일본이 망한 뒤에 고향으로 돌아왔습니다.

김수환은 신부가 되고 싶지 않다는 갈등과 유혹에 빠지기도 했습니다. 하지만 끊임없이 자신을 이끄는 하느님 가르침을 깊이 깨닫고 진정한 성직자가 되기로 마음먹었습니다. 서른 살 때 대구 계산동 성당에서 사제가 되었습니다.

그리고는 마산 교구장이 되었다가 다시 서울 대교구장 자리에 올랐습니다. 3년 뒤, 교황 바오로 6세에게 신임을 받아 추기경에 임명되었습니다. 추기경은 교황 다음으로 사람들이 우러러보는 무척 높은 자리입니다. 김수환이 추기경에 임명되었을 때는 마흔일곱 살 밖에 안 되는 젊은 나이였습니다.

　김수환은 30년 동안 서울 대교구장으로 있으면서 한국 천주교 주교회 의장을 지냈고, 주교회 밑에 있는 전국 여러 단체 총재로 있으면서, 평양교구장 자리도 맡았습니다.
　김수환이 가톨릭노동청년회 총재 주교로 있을 때였습니다. 노동조합을 탄압하고 노동자들을 쫓아낸 '강화 심도직물 사건'이 일어났습니다. 김수환은 '사회 정의와 노동자 권익 옹호를 위한 주교단 공동 성명서'를 발표하며 노동자들 편에 섰습니다. 성명서를 발표한 뒤 노동자들이 다시 회사로 돌아갈 수 있게 하였습니다.
　독재정권에 맞서 '현 시국에 부치는 메시지'도 발표하였습니다. 70, 80년대를 지나오면서 김수환은 우리나라 민주화에 큰 버팀목이 되었습니다. 1987년 6·10 민주항쟁 때도 명동성당 안으로 경찰들이 쳐들어와 학생과 시민들을 잡아가려 하자,
　"경찰이 들어오면 맨 앞에 내가 있을 것이고, 그 뒤에 신부들, 수녀들이 있을 것이오. 그리고 그 뒤에 학생과 시민들이 있을 것이오. 학생들을 잡아가려면 나부터 밟고 가야 할 것입니다."
라며 학생과 시민들을 지켜냈습니다. 독재정권에 맞서서 싸우는 학생들이나 노동자들이 경찰에 쫓기면 명동성당으로 들어갔습니다. 명동성당에만 들어가면 김수환 추기경이 지켜 주었기 때문입니다.
　김수환은 북한 동포들을 위해서도 항상 기도하였습니다. 통일을 기원하며 '민족화해위원회'를 만들었습니다. 명동대성당에서 시작된 '민족화해미사'는 지금도 매주 화요일에 열리고 있습니다.
　가장 낮은 곳에서 힘없는 사람들 편에 서고자 했던 김수환은 어떻게 사는 것이 인간다운 삶인지, 어디로 가야 올바른 길인지를 우리에게 가르쳐 주었습니다. 김수환은 '서로 사랑하고, 또 사랑하고 용서 하세요.'라는 마지막 말을 남기고, 멀리 하느님 곁으로 떠났습니다.

탐구하기

1. 김수환 추기경이 마지막으로 남긴 말은 무엇인가요?

그때 사람들은

더 나은 세상을 만들기 위해 노력하는 정의구현사제단

1974년, 지학순 주교가 박정희 독재 정치에 반대하다가 구속되자 천주교 사제들이 명동성당에 모여 독재 정치를 중단하라는 선언문을 발표하고 정의구현사제단을 만들었습니다. 정의구현사제단은 인권, 민주화, 평화, 통일을 이루자는 목표를 정했습니다.

많은 신부들이 3·1 민주구국선언, 5·18광주민주화운동 때 감옥에 갇히기도 했습니다. 1987년에 전두환이 헌법을 바꾸지 않겠다는 4.13호헌 조치를 발표하자 사제단은 단식을 하면서 강력히 반대하였습니다. 서울대생 박종철이 고문을 받다가 죽는 사건이 일어나자 진실을 세상에 알리면서 '박종철 군 고문치사 사건은 조작되었다'는 성명서를 발표하며 맞서 싸웠습니다.

그리고 나라가 통일될 수 있도록 힘을 보탰습니다. 평양세계청년학생축전에 참가하기 위해 임수경이 북한에 갔습니다. 남북이 휴전선을 사이에 두고 서로 맞서 있는데 나라에 허가도 받지 않고 몰래 북한에 간 일은 온 나라가 떠들썩해질 정도로 커다란 문제가 되었습니다.

임수경은 한국전쟁이 끝난 날인 7월 27일에 판문점을 통해 남한으로 돌아오려고 했으나 유엔군이 반대하여 돌아오지 못했습니다. 그때 천주교 정의구현사제단은 임수경이 안전하게 다시 돌아올 수 있도록 문규현 신부를 북한으로 보냈습니다.

8월 15일에 문규현 신부는 임수경 손을 잡고 판문점 군사분계선을 걸어서 넘었습니다. 그리고 곧바로 국가보안법위반혐의로 체포되었습니다. 정의구현사제단은 한 민족 한 나라인데 서로 오고 가지 못하게 막는 국가보안법을 없애기 위한 운동에도 참여하였습니다.

정의구현사제단은 함께 어울려 사는 세상을 만들기 위해 생명 평화운동을 시작했습니다. 전북 부안군에서 군산시 고군산군도를 거쳐 비응도를 연결하는 세계 최대 규모 방조제를 쌓아 갯벌을 없애려는 대규모 간척 사업이 시작되었습니다. 이때 간척사업을 반대하면서 새만금 살리기 운동을 벌였습니다.

또한 북한 동포를 돕는 일도 했습니다. 북한수재민 돕기 모금운동을 벌여서 쌀을 모아 북한으로 보냈습니다. 한 달 동안 북한동포돕기 모금기간으로 정하고 '하루 한 끼 찬밥 먹기 운동', '쌀 열 가마 보내기 운동'을 벌였습니다. '사랑의 비료 보내기 운동' '범국민 옥수수 심기 운동'에도 참여하였습니다.

정의구현사제단은 전쟁에 반대하며 평화운동에도 앞장섰습니다. 미국과 맺은 불평등한 협정인 소파(SOFA)를 바꾸자는 집회를 열었습니다.

매향리 사격장을 없애는 데도 앞장섰습니다. 매향리는 1971년부터 미군과 한국군이 훈련하는 사격장으로 이용되었습니다. 계속되는 폭격으로 사격장인 섬 높이가 낮아질 정도였고, 그곳에 사는 주민들은 엄청난 피해를 입었습니다. 비행기 소리와 폭탄 터지는 소리 때문에 정신병에 걸리는 고통을 당하였고, 바다에서 고기를 잡을 수도 없었습니다. 정의구현사제단은 폭격장을 없애는 일을 도와주었습니다.

오늘도 정의구현사제단은 사람들이 평화롭고 행복하게 살 수 있는 올바른 세상을 만들기 위해 노력하고 있습니다.

탐구하기

1. 천주교 정의구현사제단은 더 나은 세상을 위해 어떤 일들을 했나요?

 요즘 사람들은

김수환이 독재정권에 맞서 싸우는 사람들을 지켜주었던 명동성당을 살펴봅시다.

명동성당을 다녀와서

엄마 아빠를 따라 명동에 나들이 갈 때면 먼발치에서 바라만 보던 명동성당에 오늘 처음으로 가 보았다. 가까이서 본 명동성당은 무척 아름답고 신비해보이기까지 했다. 회색 벽돌과 붉은 벽돌이 섞여서 조화를 이룬 건물, 뾰족한 지붕이 보였다. 가끔 친구 따라 가 본 교회 건물과는 좀 다른 느낌이 들었다.

우리 엄마는 천주교 신자는 아니지만, 명동성당에 여러 번 와 본 적이 있다고 한다. 엄마 친구들 가운데 명동성당에서 결혼한 사람도 몇 명 있다고 한다. 본당 안으로 들어가 보았다. 미사를 드리는 곳이라서 그런지 성스럽기도 하고 감동스럽기도 했다. 성모마리아 상도 보았다. 십자가에 못 박혀 돌아가신 예수님처럼 높은 곳에 서서 우리를 내려다보고 있었다. 인자하고 따뜻한 느낌이 들었다.

명동성당 이곳저곳을 둘러보면서 아빠가 명동성당에 대한 여러 가지 이야기를 들려 주셨다.

천주교가 처음 들어왔을 때 나라에서는 천주교를 믿지 못하게 박해를 했단다. 명동성당이 있던 자리는 첫 번째 순교자였던 김범우가 살던 집이었단다. 동네 이름이 종현이어서 처음에는 종현성당이라고 불리기도 했고, 뾰족한 지붕 때문에 뾰족집이라고 불리기도 했단다.

김범우 집에서 미사를 드리던 많은 천주교 신자들이 체포되어 끌려가 순교했을 것을 생각해 보니 어쩐지 슬픈 생각이 들었다.

"명동성당은 김수환 추기경이 신부님으로 계셨던 곳이야. 70, 80년대에 독재 정치에 맞선 민주화 운동이 많이 일어났고, 그 중심이 되었던 곳이 명동성당이었지. 학생들이나 노동자들이 경찰에 쫓겨 명동성당으로 들어오면 김수환 추기경께서 보호해 주셨지."

아빠 말씀을 들으니 명동성당이 더 감동스럽게 느껴졌다. 그냥 건물이 아니라 마음이 있는 사람 같은 느낌이 들었다.

생각하기

1. 명동성당이 감동스럽고 특별하게 느껴지는 까닭은 무엇인가요?

12.

노벨평화상을 받은
김대중
(1924년~2009년. 대한민국 15대 대통령)

사진제공-김대중 도서관

역사 연대기

1998년 금강산 관광이 시작된
2000년 남북정상 회담이 열림
2007년 경의선과 동해선 철도가 다시 이어짐
개성관광이 시작됨

학습목표

1. 김대중에 대해서 알 수 있다.
2. 6·15남북 공동선언에 대해서 알 수 있다.
3. 개성관광에 대해서 생각할 수 있다.

같이 읽으면 좋을 책

섬마을 소년 김대중의 꿈과 도전이야기(국민출판사)
인동초 김대중(작은책방)

 인물 이야기

민주화에서 통일까지 힘차게 살았던 김대중

김대중은 전라남도 신안군에 있는 하의도라는 섬에서 태어났습니다. 어릴 때부터 일본 사람들에게 맞서 싸우는 섬사람들을 보면서 김대중은 올바르지 못한 일에는 용감하게 맞서야 한다는 것을 배웠습니다.

고등학교에도 1등으로 입학하여 내내 1등을 놓치지 않았고, 글쓰기와 역사, 그리고 웅변도 아주 잘하였습니다. 한번은 일본 사람이 학교에 와서 전교생에게 일본 왕을 위해서 우리나라 사람이 전쟁에 나가야 한다고 연설을 한 다음, 질문을 하라고 하였습니다. 아무도 나서지 못하고 있는데 김대중이,

"2차 대전이 일어나 온 세계가 전쟁터가 되었는데, 앞으로 유럽은 어떻게 변할까요?"

라고 물었습니다. 너무 높은 수준으로 질문을 하자 그 일본 사람은 아무 대답도 못하였습니다. 잘난 척 하다가 김대중 때문에 창피를 당하고 만 것입니다.

한국전쟁 때는 인민군에게 붙들려 총살을 당할 뻔 했으나, 가까스로 목숨을 구하였습니다. 전쟁이 끝난 이듬해에 서울로 온 김대중은 이승만 독재정치에 맞서 민주주의를 되찾기 위해 국회의원이 되려고 하였습니다. 몇 번 선거에서 떨어진 다음 잇달아 국회의원을 지냈습니다.

4·19혁명으로 이승만이 물러나고 일 년이 조금 넘은 뒤에 다시 박정희가 정변을 일으켜 독재 정치를 일삼았습니다. 김대중은 민주주의를 되찾기 위해 박정희와 대통령 자리를 두고 맞붙기도 하고, 미국이나 일본에서 민주화운동을 이끌었습니다.

그러던 어느 날, 일본 도쿄에 있는 호텔에서 우리나라 비밀경찰인 중앙정보부 사람들에게 납치되어 목숨을 잃을 뻔도 했습니다. 아무리 들추어내도 죄가 없으니 북한 편을 드는 사람이라며 김대중에게 빨갱이라는 누명을 씌었습니다. 그러나 김대중은 끝까지 굴하지 않았습니다. 민주주의를 부르짖다가 감옥에 갇히는 것도 두려워하지 않았습니다.

박정희가 죽은 뒤 반란을 일으킨 전두환은 5·18광주민주화운동을 총칼로 누른 뒤에 김대중이 광주사람들을 부추겼다며 사형을 선고하였습니다. 그러자 온 세계 사람들이 김대중을 살리기 위해 한국정부에 압력을 넣었습니다. 결국 전두환은 김대중을 풀어주어야 했습니다.

 일흔네 살이 되던 해에 드디어 김대중은 대한민국 15대 대통령이 되었습니다. 하지만 그때 우리나라는 아이엠에프(IMF, 국제통화기금) 외환위기를 맞았습니다. 우리나라에 외국 돈이 없어서 아이엠에프에서 빌려와야 했습니다. 그리고는 아이엠에프가 시키는 대로 해야 하는 처지가 되고 말았습니다.

 집안에 돈이 떨어지면 뭐라도 내다 팔아서 돈을 마련해야 하는 것처럼 나라에도 돈이 떨어지면 나라 재산을 팔아서 빚을 갚아야 합니다. 하지만 우리나라는 남북으로 갈라져 전쟁을 했고, 그 전쟁을 잠시 쉬고 있기 때문에 외국 사람들이 우리나라 회사를 사려고 하지 않았습니다.

 김대중은 우리나라에서 전쟁이 일어나지 않는다는 것을 다른 나라 사람들에게 보여주어야겠다고 결심하였습니다. 힘을 합쳐 같이 발전하고 잘 살 수 있도록 북한을 돕겠다고 하였습니다. 그 뜻을 받아들인 북한 김정일 국방위원장이 김대중을 평양으로 초청하였습니다. 평양에서 김정일과 김대중은 정상회담을 한 다음, 서로를 믿고 힘을 합쳐 평화롭고 발전된 나라를 만들자며 6·15남북공동선언을 발표하였습니다.

 이 선언을 하고 난 뒤에 남북으로 헤어진 이산가족들이 더 많이 만날 수 있게 되었습니다. 남북이 힘을 합쳐 개성에 공장을 짓고, 물건을 만들기 시작하였습니다. 금강산과 개성으로 남쪽 사람들이 관광을 가기도 하고, 북한 선수들이 우리나라에서 열리는 아시안게임에 참가하기도 하였습니다.

 이제 우리나라 사람은 물론이고 온 세계 사람들이 우리나라에서 전쟁이 나지 않을 것이라고 믿게 되었습니다. 외국회사들이 우리나라에 투자도 많이 했습니다. 그 덕분에 3년 8개월 만에 아이엠에프에서 빌린 돈을 모두 갚고 외환 위기에서 벗어났습니다.

 김대중은 2000년에 우리나라에 평화를 자리 잡게 하고, 평생 동안 민주주의를 위해 노력한 공을 세계 사람들에게 인정받아 노벨평화상을 받았습니다.

탐구하기

1. 김대중이 평양으로 가서 김정일 국방위원장과 발표한 선언은 무엇인가요?

그때 사람들은

6·15 남북공동선언

 2000년 6월 13일, 평양 순안공항에는 남한에서 출발한 비행기 한 대가 내려앉았습니다. 바로 북한 김정일 국방위원장과 정상회담을 하기 위해 남한 대통령 김대중이 타고 간 비행기였습니다.

 미국과 소련에 의해 38선이 그어지고 3년 동안 전쟁을 치른 다음, 휴전선이라는 이름으로 갈라진 뒤, 50여년이 지나서야 비로소 남북정상이 처음으로 만나게 된 것입니다. 김정일은 직접 공항까지 나와 김대중을 맞이하였습니다. 두 정상이 서로 만나는 모습을 텔레비전으로 지켜본 국민들은 이제 통일이 얼마 남지 않았다며 희망에 찬 눈물을 흘리기도 했습니다.

사진제공-김대중 도서관

 김대중과 김정일은 3일 동안 정상회담을 한 다음, 선언문을 발표하였습니다. 바로 6·15남북공동선언입니다.

〈6·15 남북공동선언〉
 조국의 평화적 통일을 염원하는 온 겨레의 숭고한 뜻에 따라 대한민국 김대중 대통령과 조선민주주의인민공화국 김정일 국방위원장은 2000년 6월 13일부터 6월 15일까지 평양에서 역사적인 상봉을 하였으며 정상회담을 했다.

 남북 정상들은 분단 역사상 처음으로 열린 이번 상봉과 회담이 서로 이해를 증진시키고 남북관계를 발전시키며 평화통일을 실현하는 데 중대한 의의를 가진다고 평가하고 다음과 같이 선언한다.

 남과 북은 나라의 통일문제를 그 주인인 우리 민족끼리 서로 힘을 합쳐 자주적으로 해결해 나가기로 하였다.

 남과 북은 나라의 통일을 위한 남측의 연합제안과 북측의 낮은 단계의 연방제안이 서로 공통성이 있다고 인정하고 앞으로 이 방향에서 통일을 지향시켜 나가기로 하였다.

 남과 북은 올해 8·15에 즈음하여 흩어진 가족, 친척방문단을 교환하며 비전향장기수 문제를 해결하는 등 인도적 문제를 조속히 풀어 나가기로 하였다.

 남과 북은 경제협력을 통하여 민족경제를 균형적으로 발전시키고 사회·문화·체육·보건·환경 등 제반 분야의 협력과 교류를 활성화하여 서로의 신뢰를 다져 나가기로 하였다.

 남과 북은 이상과 같은 합의사항을 조속히 실천에 옮기기 위하여 이른 시일 안에 당국 사이의 대화를 개최하기로 하였다.
 김대중 대통령은 김정일 국방위원장이 서울을 방문하도록 정중히 초청하였으며 김정일 국방위원장은 앞으로 적절한 시기에 서울을 방문하기로 하였다
 2000년 6월 15일, 대한민국 대통령 김대중. 조선민주주의인민공화국 국방위원장 김정일.

 이 선언문이 발표되자 우리나라 국민들을 비롯하여 전 세계 사람들이 이제 우리나라에서 전쟁이 나지 않을 것이라는 믿음을 갖게 되었습니다.
 남북이 서로 돕는 일들도 착착 진행되었습니다. 북한 경제를 일으키기 위하여 개성에 공장들을 세우고 남쪽 회사들이 들어갔습니다. 북한 사람들이 공장에서 물건을 만들어서 남한이나 세계 사람들에게 팔았습니다. 금강산과 개성으로 남한사람들이 관광을 갈 수도 있게 되었습니다. 또 전쟁과 분단 때문에 남한과 북한으로 헤어졌던 사람들도 많이 만날 수 있게 되었습니다. 금강산에 만나는 곳을 만들어 더 자주 더 쉽게 만날 수 있도록 하였습니다. 2002년에 부산에서 열린 아시안 게임에는 북한 선수단과 응원단이 왔습니다. 이때 남북한은 한반도기를 앞세우고 동시에 입장하였습니다.
 남북한 농민들이나 노동자들이 만나서 체육대회도 열고, 예술가들도 편하게 오고 갈 수 있게 되었습니다. 남북을 오고가는 도로와 기찻길도 다시 이어지기 시작했습니다. 6·15남북공동선언은 더 많은 사람들이 더 쉽게 남북한을 오고가는 길을 열었습니다.

탐구하기

1. 6·15남북공동선언을 한 뒤에 어떤 변화들이 일어났나요?

요즘 사람들은

6·15 남북공동선언을 하고 나서 금강산 관광을 비롯하여 개성으로도 관광을 가게 되었습니다. 남쪽 사람들이 북한으로 가는 것에 대해서 생각해 봅시다.

개성 관광 가는 날

아빠가 다섯 시라며 내 몸을 막 흔들면서 얼른 일어나라고 했다. '다섯 시인데 왜 일어나라고 하지?' 생각을 하다가 오늘이 개성관광 가는 날이라는 생각이 떠올랐다. 잠이 확 달아났다. 후다닥 일어났다.

식탁에 밥이 차려져 있었다.

"얼른 먹어라 할머니 할아버지 모시러 가려면 서둘러야한다."

잠이 조금 남아있었지만, 밥을 대충 먹고 아빠 차에 올라탔다. 큰집 앞에서 할머니 할아버지도 태웠다. 놀러가는 것이지만, 짐이 별로 없다. 그날 갔다가 그날 오기 때문이다.

임진각에 도착하니 일곱 시가 다 되었다. 출국 수속을 한다는 안내 방송이 나왔다.

"내 나라로 가는데 무슨 수속이라니? 원 참!"

할아버지가 한탄을 했다.

여덟시가 되자 북한으로 넘어가기 위해 차들이 출발했다. 10분 정도 갔더니 북한에 도착했다. 북한에 온 수속을 하고는 개성관광을 시작했다.

맨 먼저 간 곳은 박연폭포였다. 박연폭포는 높이가 37미터나 된다고 북한 누나가 얘기해주었다. 폭포 소리도 시원하고 물도 시원한 느낌을 주었다. 관음사라는 절을 구경하고 점심을 먹으러 갔다. 밥이랑 반찬 담은 그릇이 금인 줄 알고 놀랐는데 아빠가 놋쇠라고 말해주었다. 하긴 금으로 된 그릇이 그렇게 많을 리가 없을 것 같다.

점심을 먹고 선죽교에 갔다. 조선 3대 임금인 이방원이 정몽주를 죽인 곳이다. 정몽주가 살던 집에 지었다는 서원에도 갔다. 박물관도 가고 개성공단에도 갔다.

할아버지는 개성에서 얼마 떨어지지 않은 곳에서 태어났다고 한다. 그래서 그런지 자꾸만 북쪽을 보면서 눈물을 흘렸다. 하루 만에 돌아가야 하는 것이 너무 아쉬웠다. 앞으로는 개성 말고도 다른 곳도 갈 수 있었으면 좋겠다. 할아버지 고향에도 같이 갔으면 참 좋겠다.

생각하기

1. 개성과 금강산 말고도 북한에 여행가고 싶은 곳은 어디인가요? 그 까닭도 쓰세요.

34. 무장 투쟁으로 일제에 맞선 사람들

을미사변과 단발령에 반발해 제천과 충주에서 유인석이 의병을 일으킨 것을 시작으로, 1905년에 을사늑약이 맺어지자, 강원도 홍천에서 민종식이, 경상북도 영천에서는 정환직이, 평해에서는 신돌석이, 전라북도 태인에서는 최익현, 임병찬이 일어났다.

1907년에 군대가 해산되면서 의병에 군인들이 들어오자 무기와 전술이 한층 더 발전했다. 일본군 토벌대에 밀려 중국이나 만주로 밀려났지만, 투쟁을 멈추지 않았다.

안중근은 우리나라를 침략한 원흉인 이토 히로부미를 하얼빈 역에서 사살했다.

3·1만세운동으로 독립에 대한 열망이 더욱 커지면서 중국 상하이에 대한민국 임시정부가 들어섰다. 이회영 형제들이 세운 신흥무관학교 출신들이 힘을 합친 의병활동도 활발하게 일어났다. 1920년에는 봉오동에서 홍범도, 청산리에서 김좌진이 이끄는 독립군이 일본군을 무찔렀다.

김원봉은 만든 의열단은 '적을 한 놈이라도 쏘아 죽여야 해방이 온다'며, 일본 왕, 고위관료, 친일파를 죽이려고 했다. 우리나라를 침략을 하기 위해 세운 관공서와 조선총독부를 파괴하려했다. 박재혁이 부산경찰서에 폭탄을 던져 부산경찰서장을 죽인 것을 비롯해 많은 의열단원들이 밀양경찰서, 조선총독부, 종로경찰서, 동양척식회사, 그리고 식산은행과 도쿄 니주바시에도 폭탄을 던졌다.

김구가 이끄는 한인애국단원인 이봉창은 1932년에 일본 왕 마차에 폭탄을 던지고는 채포되어 순국했고, 윤봉길은 일본군이 상하이를 점령하고 승전을 축하하는 홍커우 공원 기념식상에 폭탄을 던져 일본 장군들과 고위관료들을 죽고 다치게 했다.

김구와 김원봉은 독립군들을 모아 광복군을 창설하고, 태평양전쟁을 일으킨 일본에 선전포고를 했다.

35. 해방과 좌우대립

1945년 8월 15일에 일본 왕이 연합군에게 무조건 항복을 선언하자 우리나라는 해방이 되었다. 건국준비위원회에서 우리 스스로 세운 나라인 조선인민공화국을 선포했으나, 미국과 소련에 의해서 38선이 그어져 남과 북으로 갈라지고 말았다. 1945년 12월에는 모스크바에서 열린 미국, 영국, 소련 이렇게 3국 대표가 모여서 우리나라를 미국과 소련이 말아 다스리는 신탁통치를 결정했다. 그때부터 나라는 좌우로 나누어 대립했고, 김구와 김규식을 중심으로 일어난 좌우합작운동도 실패하고 말았다.

결국 남한만 단독총선거를 통해 나라를 세우기로 결정하자, 제주도에서 1948년 4월 3일에 단독선거에 반대하는 무장봉기가 일어났다. 이승만 정부는 제주도에 계엄령을 내리고, 노인과 여자, 어린이들을 포함한 제주도민 수만 명을 학살했다.

1948년 10월에는 4·3항쟁을 진압하러 가라는 명령을 받은 여수, 순천 군인들이 출동을 거부하고 들고 일어났다. 이때에도 수많은 민간인들이 학살당했다.

1948년 5월 10일에 유엔으로부터 감독을 받아 남한에서만 총선거가 실시되었고, 제

역사를 짚고 가요

헌의회가 세워졌다. 이승만이 대통령에, 이시영이 부대통령에 선출되었다. 이렇게 해서 1948년 8월 15일에 정부수립이 선포되었다.

36. 부모 형제를 적으로 만든 한국전쟁

1950년 6월 25일 일요일 새벽 4시, 북한군이 38선을 넘어 남침을 시작했다. 입만 열면 북진통일을 하겠다고 떠벌리는 이승만이 전쟁을 일으킬까 봐 미국이 물러가면서 변변한 무기를 주지 않았기 때문에 북한군이 앞세운 전차를 막을 수 없었다. 전쟁 3일 만인 28일에 인민군이 서울을 점령했다.

7월 7일에 유엔 안보리에서 총사령관을 맥아더로 하는 유엔군이 창설되어 남한을 돕기로 했다. 7월 29일에는 북한군이 낙동강까지 밀고 내려왔다. 국군과 유엔군은 낙동강을 최후 방어선으로 정하고 치열한 전투를 벌였다.

북한군이 낙동강에 발이 묶인 9월 15일에 인천에 있는 월미도로 유엔군이 상륙했다. 9월 28일에는 서울을 되찾았다. 10월 1일에는 국군과 유엔군이 38선을 넘어 북으로 진격했고, 10월 26일에는 압록강까지 밀고 올라갔다.

그러나 12만 명이나 되는 중국군이 압록강을 건너왔다. 후퇴를 거듭하던 국군과 유엔군은 1951년 1월 4일에 다시 서울을 빼앗겼다가 2월 15일에야 되찾았다. 38선 근처에서 전선이 만들어지고, 사람만 죽고 다치는 고지전이 벌어졌다.

지루하게 이어지던 휴전협상은 1953년 7월 27일에야 끝이 났고 전쟁도 멈추었다. 3년이 넘게 이어진 전쟁으로 수백만 명이 넘는 사람들이 죽고 다쳤고, 많은 산업시설이 부서졌다.

전선에서는 전쟁이 멈추었지만, '빨치산'이라고 부르는 인민유격대는 지리산에서 군경토벌대와 맞서고 있었다. 휴전협정을 할 때 북한이 포로들은 데려갔지만, 인민유격대는 외면했기 때문이었다. '공산비적'이라는 반란군 신세가 되어서 헐벗고 굶주렸고, 토벌대에 쫓기며 죽어갔다.

37. 민주주의를 향한 몸부림 4.19혁명

1948년에 미국을 등에 업은 이승만이 제헌국회 의장에 당선되었고, 대한민국 초대 대통령이 되었다. 1952년에는 자유당을 창당한 이승만이 이를 정치 기반으로 삼아 2대 대통령이 되었다. 1956년에는 이어서 대통령을 해도 되도록 법을 고친 다음, 3대 대통령에도 당선되었다. 죽을 때까지 권력을 잡고 싶은 이승만은 1958년에 자기를 반대하는 사람을 탄압하기 위해서 국민들이 반대하는데도 국가보안법을 만들었다. 1960년에도 대통령 후보로 출마했다.

자유당이 휘두르는 독재에서 벗어나려는 국민들이 민주당 대통령 후보였던 조병옥을 지지했으나, 2월 25일에 미국에서 사망하고 말았다. 3월 15일에 치러지는 선거에 이승만은 단독 대통령후보가 되었다.

하지만 자유당은 이기붕을 부통령에 당선시켜서 강력한 권력을 만들려고 했다. 정

치깡패를 끌어들여서 다른 사람 투표를 미리 했고, 야당선거운동을 방해했다. 개표를 조작해서 자유당 후보들 득표수를 늘렸다.

이런 부정선거는 무효라며 마산에서 학생들이 들고 일어났다. 경찰이 폭력진압을 하자, 분노한 마산 시민들까지 들고 일어났다. 4월 11일에는 시위에 참여했다가 실종된 마산상고 김주열학생 시신이 얼굴에 최루탄이 박힌 채로 중앙부두 앞 바다에 떠올랐다. 이 사건으로 학생과 시민들 시위가 더욱 격렬해졌다.

4월 18일에는 경무대를 향해 가며 시위를 벌이고 돌아가는 고려대 학생들을 자유당 정치깡패들이 습격했다. 이 소식이 퍼지면서 4월 19일에 전국에서 시위가 벌어졌다. 이승만은 서울에 계엄령을 내리고 무장군인들이 시위대를 진압하려 했으나, 사태가 점점 심각해지자, 대통령에서 하야했다. 부통령에 당선되었던 이기붕 일가족은 다 같이 자살하고 말았다.

38. 산업화와 노동착취

일제강점과 한국전쟁으로 가난에서 벗어나지 못한 우리나라는 미국이 주는 밀가루를 얻어먹으며, 미국에서 원조를 받아서 산업시설을 만들었다. 독일에 광부와 간호사를 보내고 돈을 얻어왔고, 일제강점에 대한 책임을 묻지 않기로 하는 굴욕적인 '한일협정'을 맺고 돈과 기계들을 얻어왔다. 미국이 벌인 월남전에 군대를 보낸 대가로 미국으로부터 경제 원조를 받았고, 미국이 우리나라 군인들에게 주는 월급에서도 절반을 떼어 경제발전에 사용했다.

권력자는 원조를 얻어주고 기업가는 원조로 번 돈을 권력자에게 바치는 '정경유착'으로 권력자와 권력과 손잡은 사람들만 이익을 독차지했다. 새벽부터 밤늦게까지 일하는 노동자들은 일요일에도 제대로 쉴 수가 없었다. 경제는 발전했으나 그 대가가 노동자들에게 충분히 돌아가지 않았다. 일을 하다가 죽거나 다쳐도, 제대로 된 보상을 받지 못했다.

평화시장에서 봉제공장에 다니던 전태일이 자기 몸에 불을 지르고는 "우리는 기계가 아니다", "근로기준법을 준수하라"라고 외치고 목숨을 끊자, 많은 사람들이 부당한 노동조건을 개선하는 데에 앞장서기 시작했다.

그러나 아직도 얼마 안 되는 임금과 언제 쫓겨날지 모르는 고용불안, 그리고 거대자본이 휘두르는 횡포에 고통 받는 사람들이 많다.

39. 5.18광주민주화운동과 6월 항쟁

1972년 10월에 선포된 유신헌법으로 통일주체국민회의 대의원 200여명이 한자리에 모여 '간접선거'로 대통령을 뽑게 되었다. 박정희가 죽을 때까지 대통령을 하려고 만든 제도라면서 국민들은 반발했다. 1979년 10월 15일에는 부산, 마산에서 시민과 대학생들이 유신반대를 외치며 들고 일어났다.

10월 26일에 박정희와 경호실장인 차지철을 중앙정보부장인 김재규가 권총으로 살

역사를 짚고 가요

해한 10·26사태가 일어났다. 박정희가 사망하자, 최규하가 대통령에 취임했다.
 사람들은 드디어 독재정치가 끝나고 민주화가 온다고 기대했으나, 12월 12일에 전두환, 노태우를 중심으로 한 군인들인 신군부가 반란을 일으켰다. 이에 반발한 학생과 시민들이 들고 일어나 전두환 퇴진과 민주주의 회복을 외쳤다. 전두환은 1980년 5월 17일, 전국에 계엄령을 내리고 민주 세력을 탄압하기 시작했다.
 광주에서 학생과 시민들이 들고일어나자 장갑차를 앞세운 공수부대를 보내서 무자비하게 진압했다. 성난 시민들이 경찰서나 군인으로부터 빼앗은 총을 들고 전남도청에서 맞섰다. 하지만 5월 27일에 탱크를 앞세우고 도청으로 쳐들어간 군인들이 시민들을 무참하게 학살했다.
 대통령이 된 전두환은 1987년 4월에 자기를 잇는 대통령도 간접선거로 뽑는다고 선언했다. 국민들 분노는 극에 달했고, 6월부터 전국에서 시위가 벌어졌다. 이에 겁을 먹은 노태우 민정당 대통령후보가 6월 29일에 국민이 직접 선거를 해서 대통령을 뽑도록 헌법을 고치겠다는 선언을 했다.

40. 6.15남북공동선언

 2000년 6월 13일, 평양 순안공항에서 김대중 대한민국 대통령과 김정일 북한국방위원장이 손을 마주 잡았다. 1953년 7월 27일에 휴전협정을 맺고 난 뒤 처음으로 남북정상이 만나는 역사적인 순간이었다.
 사흘 동안 회담을 한 남북정상은 남북이 화해와 협력을 통해 평화와 번영으로 나아가자는 6,15남북공동선언을 했다.
 이로써 바다로 가는 금강산 관광에 이어 육로로 가는 금강산과 개성관광이 시작되었다. 개성에 남북합작으로 공단을 세우고 경의선 철도가 다시 이어졌다. 2002년에 부산에서 열린 아시안게임에는 북한 선수단과 응원단이 왔다.
 노무현 정부 때는 2007년 10월에는 평양에서 제2차남북정상회담을 열어서 남북이 정전체제를 평화체제로 바꾸는 10.4정상선언을 했다.

살아있는 인물 열어가는 논술

일제강점기 홍범도에서 대한민국 김대중까지 ❻

2014년 7월 31일 1판 1쇄 인쇄
2104년 7월 31일 1판 1쇄 발행

지은이 모난돌역사논술모임
펴낸이 김경성
펴낸곳 모난돌

주소 서울시 강남구 역삼 1동 636-11번지 301호
전화 02)508-7550
팩스 02)508-7694
등록 2009년 10월 27일
등록번호 제 2009-000287호
홈페이지 다음카페 '모난돌학교'

이 책을 만든 사람들
책임 편집 김하늘
사진 김하늘
일러스트 박한별
표지·본문 디자인 디자인 창작
제호 디자인 박한별
인쇄 프린트세일

값 12,000원

Copyright ⓒ2010 by monandol Company All rights reserved
First edition printed 2010, printed in korea

이 책 어느 부분도 발행인과 모난돌 출판사에서 제공한 승인 문서 없이 일부 또는 전부를 사진, 복사기 및 현재 알려지거나 향후 발명될 어떤 전기적, 기계적 또는 다른 수단을 통하여서라도 복사. 재생하여 이용 할 수 없음

이 책에 나오는 사진이나 그림 자료들은 원 저작권자와 협의하여 수록하였으나 저작권자를 찾지 못하였거나 저작권이 명확하지 않은 경우에 그냥 수록한 것도 있습니다. 이 책에 수록된 사진이나 그림에 대한 저작권을 가진 분이 연락 주시면 사회통념에 따라 보상하겠습니다.

구입 문의 02)508-7550(도서출판 모난돌)
입금계좌 - 국민은행 076902-04-035195(예금주 김경성)